Die Sage von den Hexen des Brockens

und deren Entstehen in
vorchristlicher Zeit
durch die Verehrung des
Melybogs und der Frau Holle.

Historisch bearbeitet von

Ludwig Wilhelm Schrader

Bibliografische Information der Deutschen Nationalbibliothek

Die Deutsche Nationalbibliothek verzeichnet diese Publikation
in der Deutschen Nationalbibliografie; detaillierte bibliografische
Daten sind im Internet über www.dnb.de abrufbar.

Original 1839

INHALT

VORREDE.

Mein Freund, der Archivarius Schrader zu Wittgenstein hat mir nachstehende Schrift geschickt. Ich habe dieselbe durchgelesen, und gefunden, dass sie für Geschichts- und Sprachforscher, die Harzbewohner und namentlich die Brockenbesucher von Interesse und respektive Nutzen sein würde, wenn sie gedruckt erschiene; weshalb ich kein Bedenken trage, selbige drucken zu lassen.

Hasserode. Dr. Freytag.

HEXENLIED.

Die Schwalbe fliegt,
Der Frühling siegt,
Und spendet uns Blumen zum Kranze!
Bald besuchen wir
Leis' aus der Thür',
Und fliegen zum prächtigen Tanze!

Ein schwarzer Bock,
Ein Besenstock,
Die Ofengabel, der Wocken,
Reißt uns geschwind,
Wie Blitz und Wind,
Durch sausende Lüfte zum Brocken!

Um Belzebub
Tanzt unser Trupp.
Und küsst ihm die krallichten Hände!
Ein Geisterschwarm
Fasst uns beim Arm,
Und schwingt im Tanzen die Brände!

Und Belzebub
Verheißt dem Trupp
Der Tanzenden Gaben auf Gaben;
Sie sollen schön
In Seide gehn,
Und Töpfe von Goldes sich graben!

Ein Feuerbrach'
Umfliegt das Dach,
Und bringet uns Butter und Eier;
Die Nachbarn sehn
Die Funken wehn,
Und schlagen ein Kreuz vor dem Feuer!

Die Schwalbe fliegt,
Der Frühling siegt,
Und Blumen entblühn um die Wette!
Bald huschen wir
Leis' aus der Thür',
Und lassen die Männer im Bette!

Hölty.

§. 1.

Der Eindruck, den die Umsicht vom Brocken seinen Besuchern gewährt, ist von einer so erhabenen Art, wie ihn die übrigen Berge Deutschlands, wenn gleich höher, nicht darbieten. Dies hat daher wohl vorzüglich dazu beigetragen, dass er die Berühmtheit erhalten hat, von der die große Zahl seiner jährlichen Besucher ein Zeugnis gibt. Nicht weniger ist hierbei aber wohl die Sage von Einfluss gewesen, nach welcher der Teufel mit seinen Genossen in der Nacht vor dem ersten Mai eine große Feierlichkeit auf ihm hält, die der die sämtlichen Hexen erscheinen. Diese nehmen ihren Weg dahin durch die Luft, indem sie auf verschiedenen Tieren: Gänsen, Ziegenböcken usw., in gleichen auf Besen und Ofengabeln dahinreiten. Der ängstliche Landmann bekreuzt daher am Abende vor dieser Feierlichkeit die Türen seiner Ställe, und glaubt auf diese Weise es bewirkt zu haben, dass sein Vieh, besonders das Jungvieh, zu solchen Gewaltritten, auf denen keine Erholung ist, nicht missbraucht werde. Selbst das Schlafgemach versieht der Aberglaube mit dem Zeichen des heiligen Kreuzes, damit die Schlafenden nicht etwa gegen ihren

Willen von dem Teufel zu der Brocken-Feierlichkeit abgeholt werden. Ja, gegen jeden Schabernack an lebendigen und leblosen Dingen, dessen an sich in dieser Nacht von dem Teufel und seinen Genossen zu gewärtigen hat, wird das Zeichens des Kreuzes in seiner heiligen Zahl drei, angewendet. Von zwei der größten Felsstücke auf dem Brocken führt das größte den Namen: „Hexenaltar", das zweite: „Teufelskanzel". Auf der letzteren soll der Böse seinen Gästen vorpredigen; auf dem Altare aber werden angeblich die Speisen des Mahles bereitet, welches die versammelte Gesellschaft der Unholde und ihre Genossen verzehren. Das hierzu erforderliche Wasser liefert der benachbarte Hexenbrunnen. Den Schluss der Feierlichkeit macht ein Ball, auf dem der Teufel, als Gastgeber, mit jeder der Hexen bis zu deren Erschöpfung tanzt.

Selbst diejenigen, die an diese Feierlichkeit nicht glauben, benutzen am Morgen des ersten Mais die Sage von ihr zu einem Scherz, indem sie dieselbe als Statt gehabt voraussetzen, und sich bei Bekannten darnach erkundigen, wie solche ihnen bekommen ist.

§. 2.

Diese Sage hat sich in weite Ferne verbreitet, und in manchen, dem Brocken entfernt liegenden Orten wird dieselbe am Abende vor dem ersten Mai stärker in das Gedächtnis zurückgerufen, als in den Ortschaften der Umgegend des Brockens. Sie ist von einer so sonderbaren Art, dass wohl in Jedermann das Verlangen vorhanden sein muss, dem wahren Ursprunge derselben auf die Spur zu kommen. Wie aber überhaupt Sagen selten zur urkundlichen Gewissheit erhoben werden können; so stellen sich auch rücksichtlich der Sage von den Hexen des Brockens wenig Anzeigen dar, aus denen die Veranlassung dazu ohne Anlass zu Zweifeln zu geben, gefolgert werden könnte. Mancher hält daher die ganze Sage für eine reine Fabel, die lediglich in dem Gehirn des Aberglaubens entstanden ist. Allein solche Urteile werden in der Regel mit Unrecht von den Sagen gefällt, und so der Stab über eine Quelle der Geschichte gebrochen, die, wenn sie mit Vor- und Umsicht benutzt wird, gar häufig sehr ersprießlich werden kann.

Ein solches Schicksal hat indes die Hexen-Sage nicht allgemein gehabt; man hat es vielmehr bereits mehrfach versucht, ihr Entstehen aus der Geschichte zu zeigen Die gemeine Meinung hierüber ist, dass sie zur Zeit Karls des Großen veranlasst sei. So behauptet z. B. Petersen – (das Kirchsp. Weitmar S. 87 und 99) – dass es vor Karl dem Großen gar keine Hexen gegeben habe, sondern dass die Sage davon erst zu seiner Zeit entstanden sei. Auch der Harzbote – (Jahrgang 1833 S. 124-126) – gibt hierüber eine Mitteilung, welche die Zeit der Entstehung der Sage ebenfalls unter die Regierung Karls des Großen setzt. Als Kaiser Karl der Große, - wird hier berichtet -, auch die Ostphalen überwältigt hatte, ließ er alles, was an das sächsische Heidentum erinnern konnte, zerstören, besonders auch die Opferfeste vertilgen. Da nahmen die noch immer geheimen Anhänger der alten Bräuche ihre Zuflucht zu den Waldungen und Gebirgen des Harzes, namentlich zu dem damals schwer zugänglichen Gipfel des Brockens, um hier die alten Feste zu feiern. Sobald aber Kaiser Karl hiervon Nachricht erhielt, ließ er zu den Zeiten der vornehmsten jener Feste die Pfade sorgfältig bewachen. Gewalt konnte hier nur den unterjochten Sachsen nicht helfen. Sie nahmen also ihre Zuflucht zur List. Sie verkleideten sich in scheußliche Larven, erschreckten durch solche Teufelsgestalten die abergläubischen Wachen, dass selbige davonliefen, und der Weg wieder frei wurde. Auf diese Weise also sollen sich die Helden nicht nur den Zugang zu dem Brocken verschafft haben, sondern auch bei den Nichtheiden die Sage von den Hexen entstanden sein.

§. 3.

Bei Würdigung dieser Erklärung der Sage muss man aber zunächst berücksichtigen, dass die wachenden Personen dem Heidentum noch sehr nahestanden, daher mit den Gebräuchen desselben genau bekannt waren; überdies keine Hasen waren, und dass es daher sehr unwahrscheinlich erscheint, es sei den Heiden gelungen sie durch Larven zu schrecken. Hierzu kommt nun noch, dass man bei Einführung des Christentums gar nicht so intolerant war, und die Heiden mit Gewalt von ihren Bräuchen zu bringen suchte. Waren sie erst getauft, dann war es Sache der Priester, ihnen die heidnischen Sitten abzugewöhnen. Und was für Priester hatten denn die alten Deutschen? Man irrt sich ganz stark, wenn man annehmen wollte, dass dies lauter Bonifacii, Ludgeri usw. gewesen seien. Es gab auch Priester, die da tauften und sonstige christliche Gebräuche vornahmen, nebenher aber auch die Opfer der Heiden besorgten. Verlaufene Knechte suchten sich die Tonsur zu verschaffen, und übten nachdem Verlangen der Laien den christlichen und heidnischen Gottesdienst. Selbst in Italien hat man Denkmale vorgefunden, auf denen sich die dii manes und der Heilige Geist zugleich befanden. Man darf sich daher umso weniger wundern, wenn der heilige Bonifacius sich über die Vermischung des Heidentums mit der christlichen Religion in Deutschland so sehr beklagt, und christliche Priester angetroffen hat, die den Götzen an Bäumen, an Bächen, auf Bergen usw. opferten. Ja, nachdem man auch dahin gekommen war, die Bäume, Berge, Bäche usw. für nicht heilige Orte zu erkennen, glaubten die Christen noch lange ihre Opfer in der Nähe einer Kirche, oder zu Ehren eines christlichen Heiligen bringen zu dürfen. Noch im elften Jahrhunderte verehrte man in Deutschland Sonne, Mond und Sterne und glaubte bei einer Mondfinsternis dem Mond das von bösen Wesen geraubte Licht durch Geschrei wieder zu bewirken. Am Neujahrstage bereitete man für die Götzen einen besonderen Tisch mit Fackeln und Speisen und sang und tanzte auf den Straßen den Götzen zu Ehren. Mit einem Schwerte umgürtet setzte man sich auf das Dach oder auf einer Ochsenhaut auf einen den Götzen geheiligten Scheideweg, um hier die Ereignisse des folgenden Jahres aus den von den Götzen gegebenen Zeichen zu erfahren. In der Neujahrsnacht backte man Brot, um aus dem Aufgehen desselben das Glück des folgenden Jahres zu erkennen. Vorzüglich aber war die Verehrung der Nornen Urd, Werdandi und Skuld, im Gange. Von ihnen glaubte man, dass sie den Menschen zu allem bestimmen könnten, wozu sie wollten. Sie konnten dem Neugeborenen sogar die Fähigkeit geben, sich in einen Werwolf usw. zu verwandeln. Die Mütter waren es daher vorzüglich, die ihnen opferten, indem sie zu gewissen Zeiten einen Tisch mit Speise und Trank besetzten, und 3 Messer darauflegten, damit, wenn die Nornen erschienen, sie sich laben konnten. Gebete wurden nicht nur in der Kirche, sondern ebenso oft auch an Brunnen, Steinen, Bäumen und auf Scheidewegen verrichtet. Nur erst mit der Zeit wurden diese Orte in Marienborne, Margarethenhalle usw. verwandelt, und an die Stelle eines heiligen Brunnens ein Kreuz aufgestellt. Ja, die heidnischen Tanzbelustigungen dauern heute noch fort in den Tannentanzen, Pfingstbieren, Maientanzen, Kirchmessen usw. Alle diese Belustigungen findet man in manchen Gegenden Deutschlands in den älteren Zeiten, als heidnische Gebräuche, verboten, und dennoch dauern sie fort.

Diese Lage des Christentums im 11. Jahrhunderte erhebt es daher wohl über allen Zweifel, dass man es im 8. und 9. Jahrhunderte nicht so genau mit dem Heidentum genommen, und die heidnischen Gebräuche durch Gewalt zu verhüten gesucht hat.

§. 4.

Die Sage von den Hexen kann daher in jenen Zeiten auf die angegebene Art nicht entstanden sein. Sie ist vielmehr älteren Ursprunges, wie sich dies schon daraus mit Gewissheit ergibt, dass Hexerei schon im Jahr 742 der Gegenstand eines verbietenden Gesetzes der fränkischen Gesetzgebung ist.[1]

Dies ist auch bereits von Andern erkannt. Ideler, - in seiner Abhandlung über die Dämonomanie – [2], bemerkt namentlich über den Ursprung des Hexen-Wesens Folgendes:

„Horst leitet den Ursprung des christlichen Zauber- und Hexenglaubens aus dem Orient ab, dessen religiöse Weltanschauung Zoroaster in das dualistische System eines guten Prinzips, Ormudz, und eines bösen, Ahriman, brachte. Die Juden, deren mosaischer Monotheismus kein böses Prinzip anerkannte, nahmen letzteres seit ihrer babylonischen Gefangenschaft in ihren Glauben unter dem Namen Satan auf, der bei ihnen noch eine Menge anderer Benennungen, als διάβολος, βεελεξεβουβ, βελιαλ, Samoel, Leviathan führte.

So fand dieser Begriff, - aus dessen weit verbreiteter Herrschaft im jüdischen Volke besonders das Vorkommen der vielen Besessenen erklärt werden muss, deren das Neue Testament gedenkt -, auch Eingang in das Christentum, und zwar in dem Sinn, dass Jesus das Reich des Teufels zerstört, und die Gläubigen gegen die Versuchung desselben geschützt habe. Der heftige Kampf des Christentums mit den heidnischen Religionen während der ersten Jahrhunderte, hatte die natürliche Folge, dass von den Bekennern des ersteren die Götter des letzteren für jene bösen, unseligen Wesen erklärt wurden, welche der Welt, den Menschen und ihnen selbst so viel Leid und Ungemach zufügten. Aber vom 4. Jahrhunderte an, als der direkte Gegensatz zwischen Heidentum und Christentum aufhörte, und die Götter der Heiden nachgerade als eine historische Vergangenheit zu existieren anfingen, - da bildete sich allmählich der Glaube an das Dasein höherer, böser Naturen so aus, dass aus den früheren Dämonen oder heidnischen Götzen unsere jetzigen bösen Engel oder Teufel, und aus den ehemaligen von den Dämonen unfreiwillig Besessenen oder Geplagten zuletzt freiwillige Teufelsverbündete wurden. Hier ist also der erste bestimmte Ursprung des Glaubens an Zauberei und Hexen im späteren Sinne dieses Wortes."

Es lässt sich nun zwar nicht leugnen, dass auf die angegebene Weise das Hexenwesen Deutschlands einen Einfluss erlitten hat; allein der Ursprung desselben kann dennoch nicht in die angeführten Umstände gesetzt werden. Denn zunächst ergibt schon das, was in §. 3. gesagt ist, dass die alten heidnischen Bewohner Deutschlands bei Einführung des Christentums nur ihren Namen änderten. Sie blieben in der Sache selbst noch sehr lange vollständige Heiden, ungeachtet sie getauft waren. Das Wesentliche in der Veränderung ihres Gottesdienstes war wohl das, dass nun mehr Gebäude vorhanden waren, in welchem er ausgeübt ward, wogegen früher die göttliche Verehrung unter freiem Himmel stattfand. Ja! man behielt sogar die heidnischen Namen der Götter für die christlichen Personen der Gottheit bei. Denn das deutsche Wort: „Gott", ist nur die Benennung des heidnischen Gode, und der Heilige Geist unterschied sich in seiner Benennung: „halogan Gast" auch nur wenig von Götzen die ebenfalls Gast hießen, wie z. B. der Radegast. Die Annahme erscheint daher bedenklich, nach welcher die alten Götter der Deutschen die in dem Hexenwesen verkommenden Unholde sein sollen. Sie waren den Deutschen viel zu lieb, als dass sie, solange sie Deutsche von ursprünglichem Schrot und Korn blieben, - je gelitten hätten, dass ihr Ruf verdunkelt, und deren Wesen mit dem der Unholde vermischt wurde. In dem Benehmen Karls des Großen finden wir zwar, dass die Götter der Sachsen Unholde genannt werben; wir wissen aber auch, was für Schwierigkeiten es gehabt hat, die Sachsen zu besiegen, und diese würden gewiss viel geringer gewesen sein, wenn man mit mehr Vorsicht verfahren wäre, und mehr Nachsicht gegen die Religion der heidnischen Sachsen bewiesen hätte. Wir wissen ferner, dass alle Strenge Karls des Großen den gewöhnlichen Gang der Dinge dennoch nicht geändert hat, dass die Sachsen vielmehr Heiden verblieben, ungeachtet sie getauft waren.

Nicht durch das Christentum entstand daher der Glaube an Hexerei in Deutschland; sondern dieser herrschte schon lange vorher unter den heidnischen Sachsen, namentlich auch am Harz. Denn aus der Gesetzgebung Karls des Großen ersehen wir schon, dass es ein heidnischer und kein christlicher Gebrauch war, die Hexen zu verbrennen, oder – verspeisen zu lassen! - Einen solchen unchristlichen Gebrauch verbot daher Karl der Große den heidnischen Sachsen, die nur dem Namen nach Christen geworden waren. Sie konnten diesen Gebrauch nicht aus dem Judentum kennengelernt haben, weil er sich in diesem gar nicht befand. Die Hexen der Sachsen waren daher auch keine jüdischen Dämonen, noch Personen, die von diesen besessen waren. Das Christentum war vielmehr auf das Schicksal der Hexen von günstigem Einfluss und bewirkte ihnen eine mildere Behandlung. An die Stelle des Verbrennens und Verspeisens trat der gelindere Spruch des christlichen Strafrichters: „Sie soll in der Gemeinde nicht geduldet werden." - Nur dem Geiste der Zeit des Papstes Innocenz VIII. war es vorbehalten, zu den Gräueln der Heiden wieder zurückzukehren, und über die Hexen den Feuertod zu verhängen.

Das bei den Sachsen herrschende Verfahren gegen die Hexen lässt ferner annehmen, dass die Hexerei kein deutsches Institut ist. Denn unter den deutschen Völkern herrschten im Ganzen die nämlichen Gebräuche und Sitten. Es lässt sich daher nicht annehmen, dass deutscher Volksstamm eine Einrichtung gehabt, die ein anderer für so abscheulich gehalten habe, dass er die Anhänger derselben verbrennen oder verspeisen zu müssen geglaubt habe. Der Ursprung des Hexenwesens ist daher offenbar bei einem undeutschen Volke zu suchen.

[1] *Capit. I. Karlomanni de 742. cap. V. (Baluzzi T. 1. col. 150).*

[2] *Rust's Magazin für die gesammte Heilkunde. 48. Bd. 3. Heft. 1837. S. 376.*

§. 5.

Dies undeutsche Volk muss jedenfalls auch den Harz bewohnt haben, weil sonst der Brocken nicht der Ort der Ausübung einer ihm eigentümlichen Feierlichkeit hätte sein können. Die Quelle der Hexerei ist also aufgedeckt, wenn dargetan werden kann, welches undeutsche Volk den Harz bewohnt hat. Die älteste, den Harz speziell angehende Nachricht ist nun wohl die, welche uns Ptolomäus [sic: Ptolemäus] gibt, der im 2. Jahrhunderte zu Alexandrien lebte, und geographische Nachrichten über Deutschland hinterlassen hat. Er nennt den Harz: „den Semanaischen Wald" (Σημανα νλη). Nach seiner Angabe bewohnten damals Cherusker und Campsani die nördliche Seite des Harzes bis an den Brocken, auf der anderen Seite hatten die Katten ihre Sitze. Cherusker und Katten sind nach den Berichten der Römer bekannte deutsche Völker, die schon zu Tacitus Zeiten in Deutschland wohnten, und wahrscheinlich schon lange ihre Wohnsitze in diesem Lande gehabt haben. Gleicher Gestalt mag es sich wohl mit den Campsani's verhalten. Bei diesen Völkern ist daher der Ursprung des Hexenwesens nicht zu suchen. Nach dem 2.

Jahrhunderte ein undeutsches Volk am Harze anzunehmen, dafür ist kein Grund vorhanden. Es bleibt daher nichts weiter übrig, als diese undeutschen Bewohner des Harzes in den Zeiten vor Christi Geburt zu suchen. Bis dahin reichen nun freilich die geschriebenen Nachrichten über Deutschland nicht; allein nicht selten lassen sich aus späteren Tatsachen Ereignisse der früheren Zeit schließen, und auf diese Weise soll daher der Versuch gemacht werden, das undeutsche Volk zu entdecken, welches vor Christi Geburt den Harz bewohnt hat.

§. 6.

Schon im Jahre 781 drang Karl der Große bis an die Elbe vor, und legte namentlich zu Wolmirstedt eine Feste an. Wir wissen ferner, dass er seine Eroberungen später bis über die Elbe ausdehnte. Nach seiner Zeit findet sich nirgends eine Nachricht, zufolge der, undeutsche Völker zwischen der Elbe und dem Harze festen Fuß gefasst hätten. Dies hat daher gewiss auch nicht stattgefunden, weil ein so wichtiger Umstand der Geschichte gewiss nicht würde unaufgezeichnet geblieben sein. Dennoch finden wir nach Karl dem Großen im Harzbereiche fremde, nicht deutsche Völker ansässig. Das Dorf Leimbach ward namentlich im Jahre 973 von Sorben bewohnt, die uns als ein Zweig des großen slavischen Volksstammes bekannt sind. Der Sage nach soll ferner die zerstörte Burg Wendthal bei Thale vom Kaiser Heinrich I. gegen die Wenden erbauet sein, die ebenfalls zu den Slaven gehören. Mag diese Sage nun auch nicht richtig sein, wie wohl zu glauben ist, so lässt sie doch zum wenigsten so viel mit Grund vermuten, dass in der Gegend von Thale Wenden wohnten, zu deren im Zaume halten diese Burg diente. Solche slavische Völker finden sich nun in den bekannten Zeiten der Geschichte mehrere in Deutschland, ohne dass man Nachricht darüber findet, woher sie gekommen sind. Über ihr Erscheinen oft mitten in Deutschland sind daher von den Geschichtsschreibern verschiedene Vermutungen aufgestellt. Einige leiten sie von denjenigen ab, die zur Zeit der sächsischen Kaiser in die Sklaverei verkauft wurden.[1]

Allein diese Meinung ist schon deshalb nicht haltbar, weil sich der slavischen Völker zu viele im jetzigen Deutschland befinden, als dass man die Möglichkeit der Richtigkeit jener Annahme zugeben könnte. Überdies finden sich schon lange vor der Zeit der sächsischen Kaiser, nämlich schon im Anfange des achten Jahrhunderts, Slaven in Hessen. Andere, wie z. B. Behrends (Chronik des Kreises Neuhaldensleben T. 2. S. 235), halten dafür, dass die slavischen Völker im neunten und zehnten Jahrhunderte häufige Einfälle in das Land am linken Ufer der Elbe getan, und daselbst selbst Niederlassungen gegründet hätten. Letzteres konnten dieselben nur, wenn sie einen Teil des linken Elbufers als Sieger zu behaupten vermochten; und dieser Teil kann alsdann nicht gering gewesen sein, weil man nicht nur im Mannsfeldschen, sondern auch in der Gegend um Helmstedt Slaven findet.[2]

Es lässt sich aber gar nicht denken, dass die Eroberung eines so bedeutenden Teils eines christlichen Landes von heidnischen Völkern in Vergessenheit sollte geraten sein, und um deshalb scheint auch diese Ansicht nicht haltbar zu sein. Von den Sorben, die im Jahr 973 in dem Dorfe Leimbach gefunden werden, kann man daher nicht etwa annehmen, dass sie sich nach Karl dem Großen dort niedergelassen haben.

[1] *Potgiesser, de stat. serv. p. 102 et seq.*

[2] *Meibom., rer. Germ. T. III. p. 56.*

§. 7.

Von jenen Sorben kann man vielmehr mit mehr Grund glauben, dass sie die Urbewohner jener Gegend gewesen, und solche schon vor den deutschen Völkern bewohnt haben. Denn ein neuerer Forscher in der Geschichte der slavischen Völker hat dargetan, dass dieses Volk nicht etwa erst um die Zeit des fünften Jahrhunderts in Europa eingewandert und sich darin verbreitet, sondern dass dasselbe schon seit den Urzeiten, und vermutlich wenigstens 3000 Jahre vor Christi Geburt einen bedeutenden Teil von Europa, und wie ich glaube, wenn nicht ganz Deutschland, doch den größten Teil desselben bewohnt hat. Aus diesem Grund führten sie daher den Namen slaw, d. h. Bewohner, im Gegensatze von ihnen, die Sueven, d. h. die Umherschweifenden, genannt; weil sie nicht, wie die Urbewohner, ein ackerbautreibendes, sondern ein nomadisierendes Volk waren.

Die Urbewohner wurden aber die Knechte der Deutschen und erhielten daher den Namen Sorben (i. e. servi); oder man verband mit dem Namen slaw, womit sie sich selbst benannten, den Begriff der Knechtschaft; und so ist das Wort Sklav nicht erst im zehnten Jahrhundert, wie man glaubt, sondern schon lange vorher, in der Bedeutung von Knecht (servus) entstanden.

§. 8.

Der Umstand nun, dass die Sorben die eigentlichen Landesbewohner, die Deutschen aber gleichsam ihre Einquartierung waren, hat uns eine nicht unbedeutende Quelle für den Beweis ihrer Existenz in dem Harzbereich erhalten.

Es liegt nämlich in der Natur der Sache, dass die Bewohner einer Gegend mehr Veranlassung haben, den Bezirken und Orten derselben Namen zu geben, als diejenigen, welche bloß darin umherschweifen. Wenigstens ist zu erwarten, dass die Namen der ersteren sich fester erhalten, als die der letzteren. Dies umso mehr, wenn die Fremdlinge häufig vertrieben waren, die eigentlichen Bewohner aber durch neue Fremdlinge nur neue Herren bekommen. Ein Verhältnis, das rücksichtlich der Deutschen und Slaven gewiss häufig stattgefunden hat.

Wenn daher, wie vorhin behauptet ist, die Slaven die eigentlichen Urbewohner des Harzbereiches sind, so darf man auch mit Recht fordern, dass sich in demselben slavische Namen für Bezirke vorfinden. Dies ist nun, wie später gezeigt werden soll, allerdings der Fall. Wenn indes die Zahl der anzuführenden slavischen Namen nicht so groß

ausfällt, als man wohl erwartet, so ist hierbei zu berücksichtigen:

1. Dass dem Schreiber dieses nicht alle im Harzbereiche vorkommenden Lokalnamen vorliegen.
Mancher Berg, mancher Feld- und Waldbezirk,
und manches Wässerchen dürfte dann noch später einen unverkennbaren slavischen Namen haben, und so die Anzahl derselben vermehren.

2. Die Zahl der slavischen Namen ist aber auch
durch den Umstand verringert, dass seit mehr
als 1000 Jahren der Harzbereich von Deutschen
bewohnt ist. Dies musste natürlich das Entstehen von neuen deutschen Namen zur Folge haben; am meisten wurden aber die slavischen
Namen dadurch vermindert, dass die Sprache
der Urbewohner durch die der deutschen Völker
verdrängt ward. Dies hatte zur Folge, dass die
slavischen Namen nunmehr in die deutsche
Sprache übersetzt wurden. Noch im 16. Jahrhundert findet man daher z. B. den hibrischen
Namen „Hilhoff" neben dem ganz deutschen
„Hilzbach" in Gebrauch. Hinzu kommt noch

3. dass zum Auffinden der slavischen Namen nicht
nur die Kenntnis der jetzigen sämtlichen slavischen Sprachen, sondern auch der älteren erforderlich ist, welche Kenntnis dem Schreiber dieses abgeht. Wenn es aber ohne diese Kenntnis
gelingt, eine einigermaßen bedeutende Anzahl
von slavischen Namen nachzuweisen, so muss
die Richtigkeit der Behauptung: dass Slaven die
Urbewohner des Harzes sind, umso einleuch-
tender sein.

§. 9.

Die Gesichtspunkte, von welchem aus man die Lokal-Namen hernahm, waren in älteren Zeiten nicht von großem Umfang. Es konnte daher nicht fehlen, dass mehrere Gegenstände dieselben Eigennamen erhielten. Der Ort, wo z. B. der Herr der Knechte (Sorben) sich niederließ, ward Herrnfeld genannt. Da nun in einer Gegend sich mehrerer Herren niederließen, so mussten natürlich mehrere Orte diesen Namen erhalten. Um daher Zweideutigkeiten zu vermeiden, schlug man zu der Zeit, als die deutsche Sprache die slavische verdrängte, das Verfahren ein, dass man doppelt und mehrfach vorhandene Namen teils ganz, teils nur halb übersetzte. Deshalb ist die Zahl der ganz slavischen Namen viel geringer, als die der hibrischen. Zu den ersteren darf man nun wohl rechnen:

1. Ratibor, welches der ältere Name des unweit Wernigerode belegenen Dorfes Reddeber ist.

2. Radau, womit noch heute ein Bach benannt wird, der unweit des Brockenfeldes entspringt, und unterhalb des Ortes Ocker in die Ocker sich ergießt. Die Endspelle au ist, wie später gezeigt

werden soll, ohne allen Zweifel ein slavisches Wort, und von Rad ist dies umso sicherer anzunehmen, als es nicht selten in slavischen Namen findet. Denn außer in Ratibor ist es z. B. enthalten, in Radegast, dem Namen eines slavischen Götzen. Zu den ganz slavischen Namen darf man ferner rechnen:

3.   den Namen des Flusses Ilse. Nicht die verwünschte Prinzessin Ilse gab demselben den Namen, sondern Ilse ist ein nomen appellativum, das auch in der Form von Asle, Else, Olse und Ulse in älteren Zeiten sehr oft vorkommt. Man benennt mit diesem Worte ursprünglich die Gegend, wo zwei Flüsse zusammenfließen, und drückt sich zu diesem Behufe aus durch: „in oder auf der Ilse". Diese Benennung ist seit den ältesten Zeiten in Deutschland sehr häufig gewesen. Die Römer fanden sie vor am Zusammenflusse des Main in den Rhein, und übersetzen sie in ihrer Sprache durch Confluentia (Coblenz). Sie fanden sie ferner am Zusammenflusse der Lippe in den Rhein, und um nicht zwei Orte an dem Rheine mit den Namen Confluentia zu haben, behielten sie den vorgefundenen Namen bei. Dieser hieß ursprünglich Alisow, ward aber von den Römern in Aliso (jetzt Wesel) vergewandelt. Die in der deutschen Sprache herrschende Neigung zur Abkürzung der Worte hatte nun mit der Zeit zur Folge, dass der Name Alisow in Alsow (Elsoff, Ilsoff) verwandelt, auch halb in Alsbach, Elsbach, Ilsbach usw. übersetzt wurde. Die Spelle ow findet sich sehr häufig in au und dann in a verwandelt, und so entstand neben Elsoff, Ilsoff usw. an anderen Orten auch Ilsau, dann Ilsa und endlich Ilse. Die ursprünglich in dem Wort Ilse enthaltene Spelle ow ist nun ohne allen Zweifel ein slavisches

Wort, das Bach bedeutet; und das Wort Alis in Alisow hat die Begriff des Zusammenfließens. Dies beweist nicht nur der Umstand, dass Alisow die Gegend am Zusammenflusse zweier Flüsse bezeichnet, sondern wird auch durch die lateinische Übersetzung „Confluentia" oder „Confluens" bestätigt. Es bezeugt dies ferner das griechische Wort: αλιξω, das ebenfalls: zusammenfließen, bedeutet, und offenbar das nämliche ist, was in Alisow enthalten. Die Spelle Alis in letztern Worten kann aber umso weniger für ein deutsches Wort erachtet werden, als wir es ursprünglich nur mit einem slavischen Wort zusammengesetzt finden. Der Name des Flusses Ilse ist also ein ganz slavisches Wort, das ursprünglich den Ort bezeigt, wo dieser Fluss in die Ocker fällt, dann aber auf den einfließenden Fluss, wie dies mehrfach der Fall ist, übergegangen ist. So führt diesen Namen z. B. auch ein Fluss, der in der Grafschaft Wittgenstein bei dem Weiler Feudingerhütte in die Lahn sich ergießt. Auch hier gibt es ein Ilsethal, obgleich man von einer verwünschten Prinzessin Ilse nichts weiß.

4. Zu den slavischen Wörtern darf man ferner rechnen den Namen einer, in das Clausthaler Bergamtsrevier gehörigen Meierei: „Camschlacken" (richtiger Kamslaacken). Dass die Spelle: „Kam" der slavischen Sprache angehört, dürfte keinem Bedenken unterliegen. Dieses Wort findet sich in der polnischen Sprache in: „Kamien", und in dem Wendischen in: „Chem, Kem" z. B. in Chemnitz, Kemnod usw. Die Bedeutung dieses Wortes ist: „Stein", und man darf umso sicherer annehmen, dass die Spelle „Kam" in Kamslacken identisch ist mit dem polnischen Kamien und dem wendischen Chem, als man die

Bedeutung: „Stein" mehrfach in Lokalnamen auf dem Harze findet. Ich erinnere nur an: Steina, Steinbrücken, Steinkirchen, Steinmühle, Steinrennerhütte usw. Allem Anscheine nach ist das Wort Stein in all diesen Namen eine Übersetzung von Kam; und keinem Bedenken kann dies bei dem Worte: „Steinlacken" unterliegen, dem Namen der Oder, nachdem sie bei Pölde die Sieber aufgenommen.

Das Wort Laake hat zwar in der deutschen Sprache das Bürgerrecht erhalten, und findet sich in manchen Gegenden in der Form von Lache, in anderen von Lacke (latein. lacus, franz. lac). Dennoch darf man es als der alten slavischen Sprache angehörig betrachten, weil es

1. in der deutschen Sprache eine engere, als die Urbedeutung hat. Letztere ist nämlich: „Wasser", in der deutschen Sprache dagegen bezeichnet es: „ein stehendes Wasser". Hinzu kommt noch

2. dass man dies Wort schon in sehr frühen Zeiten mit echt slavischen Worten zusammengesetzt findet. Namentlich in Larphe (Lachesphe, Lachsphe, jetzt Laasphe). Die Spelle phe ist nämlich entstanden aus: „owe", so dass Larphe ursprünglich: Lachsowe geheißen hat. In dem Harznamen Lasfeld ist daher die Spelle: „Las" nichts Anderes als das Wort Lache (Laacke) im Genitiv. Kamslaacken ist deshalb ins Deutsche durch: „Steinwasser" zu übersetzen, und diese Übersetzung erhält daher auch der hibrische Name Steinlaacken.

§. 10.

Zu den typischen Namen im Harzbereiche gehört zuvörderst

1. der Name des Dorfes Pansfeld. In diesem hält schon Gottschalck (Taschenbuch für Harz-Reisende, S. 265) das Wort Pan wohl mit Grund für slavisch. Denn nicht nur noch heute findet sich dasselbe z. B. in der polnischen Sprache in der Bedeutung von: Herr, sondern es war in dieser Bedeutung auch früher in der Sprache der Harzbewohner gebräuchlich. Dies bezeugt ein aus dem Archive zu Goslar (im Hannov. Magz. T. 26. S. 484.) mitgeteiltes Gebet eines heidnischen Sachsen, das also lautet:[1]

Helli Krotti Wudana, ilp oks un osken Pana Witekina ok Kelta of den aiskena Karel; vi den Slaktenera; ik kif ti un Ur un two Scapa, un tat Rof. Ik slakte ti all fanka up tinen iliken Artisberka.

Heiliger großer Wodan, hilf uns und unserem Herrn Wittekind, ingleichen dem Kelta gegen den schändlichen Karl. Pfui dem Schlächter! Ich gebe dir einen Ur und zwei Schafe, ingleichen die Beute. Alle Gefangenen schlachte ich dir auf deinem heiligen Harzberge.[2]

Wittekind wird hier also von einem Harzbewohner: „Pana Witekina" (Herr Wittekind) genannt, und man darf daher umso sicherer in dem Namen Pansfeld die erste Spelle für das slavische Wort: „Pan" halten, und diesen Namen im Deutschen ganz durch: „Herrnfeld" geben, als von diesem Gesichtspunkt aus die Benennung von Ortschaften gebräuchlich war. Das auf dem Harze liegende Braunschweigische Dorf Herrnhausen liefert den Beweis dafür. Das slavische Wort Pan ist daher ferner enthalten

2. in Pantelbach, der sich bei Münchehof in die Markau ergießt, und

3. in dem Namen des Dorfes Pasbruch.

Der Laut n ist nämlich gar häufig kein reines n, sondern ein Laut, von dem man meint, es sei a. In Orten, wo sich die altsächsische Aussprache in dieser Hinsicht erhalten hat, klingt daher z. B. das Wort: „Wand" fast wie Waad, wenn man das letzte a durch die Nase hören lässt. Durch eine solche Aussprache ist daher der Laut n aus Pansbruch verschwunden, und aus diesem Namen: „Pasbruch" geworden.

[1] *Dies Gebet bezeugt zugleich, dass die Verehrung des Krodo auf dem Harze keine Fabel ist. Denn Krodo und das hier genannte Wort Krotti sind die nämlichen Worte. Krodo ist daher nur ein Beiname des Wodans. Dieser Götze wurde der Große genannt, wie man den Jupiter: „Optimus maximus" nannte.*

[2] *Der heilige Harzberg ist wohl kein anderer, als der Herzberg bei Goslar. Die Sage, dass der in der Stephanskirche zu Goslar befindliche Altar aus unbekanntem Metall, zum Opfer des Krodo*

auf der Harzburg, früher bestimmt gewesen (Gottschalck, Taschen-
buch für Reisende in den Harz, S. 157), verdient daher wohl mit der
Beschränkung Glauben, dass er nicht auf der Harzburg, sondern aus
dem Herzberge gestanden. Sie kann aber auch vollständig wahr sein,
und unter dem Artisberka auch vielleicht die Harzburg verstanden
werden.

§. 11.

4. Dass der Name des Dorfes Leimbach ein hibrisches Wort ist, dafür streitet schon um deshalb die Vermutung, weil dieses Dorf beim Beginn der urkundlichen Geschichte desselben, von Sorben bewohnt war (§. 6.). Hierfür sprechen aber auch noch andere Gründe. Nach den Regeln des Wohlklanges verwandelt sich nämlich bei der Zusammensetzung zweier Wörter das n, wenn es vor b zu stehen kommt, in m. Die Spelle „Leim" hieß daher vor der Zusammensetzung mit „bach", – Lein. Sprachforscher werden ferner wissen, dass der Gebrauch der Vokale in älteren Zeiten bei ein und demselben Wort fast willkürlich war, und dass man namentlich in der älteren Schriftsprache da in der Regel ein y oder ü (ui) findet, wo die spätere Volkssprache ein ai (ei, oi) enthält. Die Wörter Lin, Lün, Lun, Loine (der Name der Lahn), Leine, Laun, sind daher identisch mit dem Worte Leim in Leimbach. Das Wort Lin findet sich nun in dem Personen-

Namen Linnoff (richtiger Linnowe) und der ältere Name der Lahn: Loine, findet sich in dem Bachnamen: Leineffa (richtiger Leinewa), und man darf daher annehmen, dass auch der vollständige ältere Name der Lahn: Loinewa (Loinowe) geheißen habe. Das Wort ewa oder owe gehört aber ohne allen Zweifel der slavischen Sprache an, und man darf deshalb ferner glauben, dass das Wort Lun, Loin, Lein rc. dieser Sprache ursprünglich angehört. Dies wird umso wahrscheinlicher, als der Name Loine (die Lahn) sich, in der Gestalt von Lä[1], nur unter dem Volke erhalten hat, dessen Urbestand Slaven waren; in der Schriftsprache dagegen findet man schon zu den Zeiten des Bonifacius die deutsche Übersetzung Loganana (Lochanaha), aus der das jetzige Wort: „Lahn" entstanden ist. Lun, Lün rc. (vollständig Lund) bedeutet nämlich: Wald, und ewa (owe): Bach. Log (Loch, Look) dagegen hat ebenfalls die Bedeutung von: Wald[2], und nahe[3] die von Bach; sodass also Loineffa und Loganaha, mithin auch Leimbach, in das jetzige Deutsch durch Waldbach zu übersetzen ist. Da nun in der Regel, wenn ein Gegenstand in älteren Zeiten zwei Namen hat, der eine die deutsche Übersetzung des anderen, undeutschen, ist, so darf man auch aus diesem Grunde annehmen, dass „Leim" in Leimbach ein slavisches Wort ist. Dies nämliche Wort ist nun aber ferner enthalten in:

5. Lünerthor, dem Namen eines Tors der Stadt Blankenburg;

6. Lauenburg (Waldburg) dem Namen einer ehemaligen Burg bei Stecklenberg und bei Wickerode;

7. Leine (vollständig: Leinowe) dem Namen eines Baches im Stolberg-Roßlaischen.

[1] *An der Lahn waren bekanntlich in späteren Zeiten die Wohnsitze der Franken, die – wie die französische Sprache beweist, den Laut ai (ei, oi) nicht kennen, und stattdessen den Laut ä gebrauchen. So ward auch das ursprüngliche Wort Loine durch die Franken in Läne verwandelt, von dem dann nur Lä übrigblieb.*

[2] *Die Urbedeutung von Log (Loch, Look) ist: helle Flamme. Daher der Loki in der nordischen Mythologie. Die helle Flamme gibt Licht. Daher die lateinischen Wörter: lux und lucere. Die den heidnischen Göttern geheiligten Wälder wurden durch Feuer und Lichter erleuchtet, von welchem Gebrauche die Osterfeuer und die Lichtopfer der katholischen Kirche noch Überbleibsel sind. Daher das lateinische Wort: lucus (Wald) und das deutsche Wort: Loh in der nämlichen Bedeutung. Loh (Lah, Lahn) hat indes in Deutschland die Urbedeutung: helle Flamme, ebenfalls beibehalten.*

[3] *Das Wort: „Naha" ist unter anderen noch enthalten in Amanaha. Schmidt (in seiner Geschichte des Gr. Herz. Hessen, Bd. 1. §. 8. S. 187) gibt es nicht vollständig, wenn er meint, dass der Buchstabe a in vielen Ortsnamen – z. B. Gotha – ein Überbleibsel von Aha sei. Naha war in der Schrift-, Au aber in der älteren Volkssprache gebräuchlich. Letztere behielt das Übergewicht über die Schriftsprache, und daher kommt es, dass man in späteren Zeiten da Au findet, wo die frühere Schriftsprache Naha gebrauchte.*

§. 12.

Ein Zweig der slavischen Völker führte den Namen: Wenden. Dies Wort darf man daher wohl mit Grund als Eigentum der slavischen Sprache anerkennen. Wie ich vermute, hat dasselbe die appellativische Bedeutung: Wiese, Weide, Matte.[1] Der vollständige Name der Wenden war daher wohl: slaw wende, d. h. Bewohner der Wiesen (Weiden). Deshalb hält schon Wolf (Geschichte des Eichsfeldes, T. 1. S. 36) diejenigen Orte für slavisch, welche auf „Wende" endigen.[2] Man darf dies daher auch von den Namen des Harzbereichs umso mehr behaupten, als auch hier Wiesen und Weiden zu Ortsnamen Veranlassung gegeben haben. Die Benennungen: „Bockswiese, Weida" usw. sind Beweise für diese Behauptung. Um deshalb sind daher folgende Namen halb slavisch:

8. Wendefurt, der Name eines Orts im Bodethale. Von ihm stellt schon Gottschalck (Taschenbuch für Harzreisende, S. 345) die Vermutung auf, dass er den Wenden seinen Namen verdankt;

9. Wendhausen, der Name eines ehemaligen Nonnenklosters in der Gegend von Thale;

10. Windhausen, ein Ort im Amte Staufenburg;

11. Wendthal, eine zerstörte Burg bei Thale.

Slavisch sind ferner die Namen, die sich endigen auf Schwende. Hierbei ist nur zu berücksichtigen, dass in der Volkssprache der Harzbewohner statt des Lautes s, in der Regel der Laut sch gesprochen wird, und dass daher Schwende richtiger swende gesprochen werden sollte. Dieser Laut s gehört aber nicht zu: Wende, sondern er ist Zeichen des Genitivs in dem vorhergehenden Worte. Diesem nach sind folgende Namen slavischen Ursprungs:

12. Hilkens-Wende (vulgo: Hilkenschwende), d. h. die heilige Wiese.

13. Molmers-Wende[3] (vulgo: Molmerschwende), d. h. Mühlenbergs-Matte.

14. Brauns-Wende (vulgo: Braunschwende).

15. Schwieders-Wende (vulgo: Schwiederschwende).

16. Selbst in dem Namen des Orts Schwende ist der Laut sch eigentlich ein bloßes s, das einem Worte angehörte, mit dem Wende früher zusammengesetzt war.

[1] *Wenn dies richtig ist, so waren auch die Mattier (Mattii, Mattiaci) Wenden. Nimmt man dies an, so lässt sich zum wenigsten Manches in den Nachrichten der Römer über dieses Volk und die Chatten erklären, was sonst nicht klar erscheint. Denn bald sind die Mattier in den Schriften der Römer ein und dasselbe Volk mit den Chatten, bald sind sie von diesen verschieden. Waren es Wenden, so waren sie insofern Chatten, als sie im Kattenlande als Untergebene lebten, aber rücksichtlich auf Volkstum von diesen verschieden. Tacitus sagt ferner von den Chatten: „Keinen ist Haus oder Acker oder eine Sorge; so wie sie zu Jemand kommen, werden sie ernährt; des Fremden Bergeuder, des Ihren Verächter" (de Germ. 31.). Wenn aber Keiner was hatte, wohin gingen denn die Chatten, um sich ernähren zu lassen? Diese Frage kann man nur beantworten, wenn man die Mattier für ein, den Chatten unterjochtes Volk hält. Dann*

wird es auch ferner erklärlich, warum die Mattier so willig das römische Joch auf sich nahmen (in gleicher Abhängigkeit wie die Batlaver – sagt Tacitus de Germ. 29. – lebt der Stamm der Mattiaker). Denn durch Unterwerfung unter die Römer veränderten sie nur ihren Herrn, und das Joch der Römer war wohl leichter, als das der Deutschen.

[2] *Schmidt (Gesch. des Gr. Herz. Hessen, T. 1. S. 182) dagegen meint wohl ohne Grund, dass Wende von Gewende, Gewann, abzuleiten sei. Dies Wort hat nämlich dem Ackerbaue mit dem Pfluge sein Entstehen zu verdanken. Wo der Pflug auf einem Ackerstücke wendet, da ist seine Grenze. Das Wort wenden hat daher – z. B. in der Grafschaft Wittgenstein – auch den Begriff des Aufhörens, Endigens und des Grenzens. Die Wiese wendet hier, heißt: sie endigt sich hier. „Die Wiese A wendet hier mit der Wiese B", heißt: A grenzt hier an B. Man darf daher wohl annehmen, dass das Wort wenden in den angegebenen Bedeutungen erst in späteren Zeiten auf größere Bezirke einer Feldmark (Wannen) übergegangen, von ganzen Feldmarken aber nie gebraucht ist, und daher zur Benennung von Ortschaften keine Gelegenheit gegeben hat.*

[3] *Molmerswende ist kein verdorbenes, sondern ein nach den Regeln der Schönheit gebildetes Wort. Der Wohllaut erfordert nämlich, dass bei Zusammensetzungen der Laut n vor b sich verwandelt in m. Mühlen- oder Molenbergs-Wende muss sich daher umändern in Molemers-Wende. Die Regeln des Wohlklangs verbieten ferner die Häufung der Konsonanten. Aus Molembergs-Wende muss daher werden: Molemers-Wende. Im letzteren Worte ist ferner das Gesetz der Einheit verletzt, welcher Fehler beseitigt wird, wenn man es verwandelt in Molmerswende.*

§. 13.

In den Ortsnamen Deutschlands gehört ferner die Endspelle: „au" der slavischen Sprache an.[1] Den Namen des
Dorfes Schwarzenau findet man z. B. im Jahre 1059, geschrieben: Swarcenowe. So lassen sich eine sehr große
Zahl von Ortsnamen anführen, in denen die Endspelle
awe, owe, ewe in früheren Zeiten vorkommen, die sich
jetzt aber alle auf „au" endigen. Es ist ferner bekannt, dass
sich auch in Gattungsnamen die Spellen awe in au verwandelt haben. Es lautet z. B. das frühere Wort: Frawe, jetzt
Frau. Um deshalb kann es keinem Bedenken unterliegen,
dass die Endspelle: „Au" in den Ortsnamen identisch ist
mit dem slavischen Wort: owe (awe, ewe). Folgende im
Harzbereiche vorkommende Namen sind daher slavischen
Ursprungs:

17. Altenau, der Name eines Orts bei Clausthal und
    die ältere Benennung eines Baches, der jetzt
    Schneidewasser heißt.
18. Lonau, ein Ort unweit Herzberg.
19. Markau, ein Bach bei Münchehof.

    In neueren Zeiten hat sich die Endspelle „au"

sehr häufig in ein bloßes a verwandelt; mit einem slavischen Worte zusammengesetzt, sind daher noch folgende Namen des Harzbereichs:

20. Wippra, der Name eines Baches und Ortes in der Grafschaft Mansfeld.
21. Tilleda.
22. Tyra, ein Bach, der unter Stolberg durch den Zusammenfluss mehrerer Bäche entsteht.
23. Steina, ein Ort bei Lauterberg.
24. Wieda, ein Bach, der in die Zorge ergießt.
25. Horla, ein Dorf im Mansfeldschen. Dieser Name kommt auch mehrfach in dem Hessenlande vor, und hier lässt sich dartun, dass er aus Hornawe (Bergbach) entstanden ist, sodass es umso weniger einem Zweifel unterliegen kann, dass die Endspelle a ursprünglich au, awe, owe rc. geheißen habe.

[1] *Gegenwärtig hat das Wort „Au" in der Bedeutung von: Bezirk, Bereich, das Bürgerrecht in der deutschen Sprache erhalten.*

§. 14.

Auch das Wort Ben (Bön, Bän, Ban, Bon)[1] in den Ortsnamen Deutschlands gehört der älteren slavischen Sprache
an. Es kommt vor in anderen Gegenden in: Bonacker
(Katzenacker), Banowe (jetzt Banfe, Katzbach), Bonsfeld
(Katzenfeld). Unter den Namen des Harzbereichs darf
man daher auch folgende für hibrisch halten:

26.   Benneckenstein und

27.   Benzingerode.

[1] *Das Dorf Beendorf der Behndorf (gesprochen Bändorf) im
Kreise Neuhaldensleben, ist historisch gewiss von Slaven bewohnt
gewesen, und wird daher in älteren Zeiten villa slavitica genannt.
Man darf daher auch in diesem Namen die erste Spelle für slavisch
halten, und ihn Katzendorf übersetzen.*

§. 15.

Durch die vorstehende Ausführung dürfte sich nun die Annahme rechtfertigen, dass der Harz und seine Umgebung ursprünglich von Slaven bewohnt gewesen. In den Sitten und Gebräuchen dieses Volkes wird daher die Entstehung des Hexenwesens zu suchen sein. Die Bedeutung des Wortes: Hexe, nämlich Priesterin, muss natürlich dahinführen, dass die Hexerei in den religiösen Gebräuchen der Slaven ihren Grund hat. Es ist daher erforderlich, einen Blick auf die slavische Mythologie zu werfen. In ihr wird der Dualismus gefunden, indem die slavischen Völker ein gutes und ein böses Wesen verehrten. Ersteres führte den allgemeinen Namen: bog, d. h. der Gute. Diese Bedeutung hat das Wort zwar schon lange nicht mehr; allein es kann dennoch keinem Zweifel unterliegen, dass „gut" die Urbedeutung desselben gewesen ist. In der Ursprache der indischen Völker findet sich nämlich ein Laut, der Ähnlichkeit hat mit den Lauten n und g. Er war z. B. in dem Wort αγρος. Dass dies Wort in der deutschen Sprache in: Agger (Acker) und Anger, sich wiederfindet, liefert unter anderem den Beweis für diese Behauptung. Wo dieser

Doppellaut blieb, ward er in der griechischen Sprache nicht durch νγ, sondern durch γγ ausgedrückt, und schon dies beweist, dass der so ausgedrückte Laut kein wahres ng war, sondern nur Ähnlichkeit damit hatte. Dieser Doppellaut teilte sich aber in manchen Sprachen teils in n, teils in g. Aus dem Urworte bong entstand z. B. das lateinische Wort: bonus und das slavische: bog. In der französischen Sprache dagegen ward das Urwort in: bon (bong) vollständig beibehalten. Die Urbedeutung „gut" des slavischen Wortes: „bog" kann daher umso weniger bezweifelt werden, als das polnische Wort: „bogaty" (reich) ebenso von bog gebildet ist, wie im Deutschen „begütert" (reich) von gut entstanden ist. Dieser Bog ward nun verehrt auf Bergen, Wiesen, an Bächen, in Wäldern usw., die von ihm den Namen bekamen.

Zu seinen Verehrungsplätzen im Harze darf man daher auch die Gegend um Bockswiese – einem Zechenhause unweit Zellerfeld – rechnen, da der angeführte Name offenbar nichts Anderes bezeichnet, als: „die Wiese des Bog". Er ward ferner verehrt auf dem Bocksberge, der beim Ursprunge des Grummbaches am Wege von Clausthal nach Goslar belegen ist. Auch der Bergflecken: „Buntenbock" bei Clausthal scheint wenigstens einem Bog seinen Namen zu verdanken.

Dieser Bog hatte mehrere Untergötter, deren nähere Beleuchtung jedoch hier von keinem Einfluss ist.

§. 16.

Der bösen Gottheiten waren ebenfalls mehrere. Sie hießen in der Lehre des Zoroaster: „Dew's"; bei den Slaven „Djahi" oder „Djehi", und die Deutschen nannten sie: „Unholde". Der Harzbote (de 1833 S. 125) teilt zwar die Ansicht eines älteren Geschichtsschreibers mit, nach welcher die Unholde diejenigen sind, welche mit der Taufe des sächsischen Anführers Wittekind unzufrieden gewesen, und daher Unholde, d. h. Ungehaltene genannt seien. Allein diese Erklärung ist ganz bestimmt durch das Glaubensbekenntnis der zur Zeit Karls des Großen getauften Sachsen zu widerlegen. Dies enthielt unter anderen die Worte:

„Ec forsacho allum diaboles wordum end wercum, tuna, erende, woden end Saxe Ote end allum then unholdum, the hira genotas sind."

Hier entsagt also der neue Christ nicht nur der Verehrung der hauptsächlichsten heidnischen Götter: dem Teufel, dem Thor, der Hertha, dem Wodan und dem Odin [1], sondern auch allen Unholden, die deren Genossen sind. Unholde sind daher keine Ungehaltene; sondern Genossen der Götter, und zwar der bösen Gottheiten, weil dies der

Name Unholde, d. h. Widriggesinnte, sagt. Denn wenn in dem angeführten Glaubensbekenntnis auch die Genossen der guten Gottheiten Unholde genannt werden, so muss man erwägen, dass die Formel von christlichen Priestern gemacht war, die in Beziehung auf die christliche Religion die sämtlichen heidnischen Götter Unholde nennen konnten.

[1] *Wodan und Odin sind also zwei voneinander verschiedene Götter. Es dürfte daher auch bedenklich sein, wenn Petersen (Kirchsprengel Weitmar S. 191) den Wodan für einen Sohn des Bor und der Belsta hält.*

§. 17.

Der Oberste der Unholden (Djahi) hieß bei den Slaven unter andern auch diable. Dieser Name ging auch in die deutsche Sprache über, findet sich namentlich zur Zeit Karls des Großen in der Form von: Diabol, ist aber gewiss in der Volkssprache schon früher in De-übel, D'übel und Te-ufel verwandelt gewesen. Denn schon Tertullianus gibt uns (in apologetico) die Nachricht, dass im Nordischen Germanien ein Idol unter dem Namen Tibileno verehrt wurde. Ein Deutscher würde statt Tibileno gewiss Dübel geschrieben haben.

Der Name diable ist nun die Benennung des Obersten der Unholde nach seiner Wirkung. Nach dem Mythos war nämlich ein Apfel (Appel, Abel) die erste Veranlassung zur Sünde. Man benannte daher nicht nur diese Frucht, sondern auch das Böse selbst und den Urheber desselben mit dem nämlichen Namen. Darum bezeichnet man auch in der lateinischen Sprache mit dem Worte: malum, nicht nur die Apfelfrucht, sondern auch das Böse. Ebenso verhält es sich mit dem Worte: diable. Um dies für richtig zu halten, bemerke man nun Folgendes.

Der Artikel findet sich nämlich nicht in allen der indoeuropäischen Sprachen. Alle sind aber aus einer Quelle
geflossen, und schon um deshalb darf man die Vermutung
aufstellen, dass ursprünglich in allen diesen Sprachen sich
ein Artikel befunden hat. Er war gewiss z. B. auch in der
lateinischen Sprache. Sonst würde er auf keinen Fall in der
italienischen Sprache existieren, die keineswegs, wie man
wohl glaubt, erst im Mittelalter entstanden ist, sondern
gewiss für eben so alt gehalten werden kann, wie die lateinische, die Schriftsprache der Römer.

Dieser Artikel floss nun zu der Zeit, als die Sprachen
noch nicht geschrieben und nicht wissenschaftlich behan-
delt wurden, häufig mit dem Hauptworte zusammen, und
man dachte gar nicht daran, dass er ein, von diesem ver-
schiedenes Wort war.

Dies geschieht noch heute bei Sprachen, die nicht geschrieben werden. Wer vermag z. B. in dem Worte „ädu"
einen Artikel zu erkennen, der nicht weiß, dass dasselbe
aus: ein Thun (ä thu) entstanden ist. Auch die nicht gehö-
rig Ausgebildeten der Franzosen, die z. B. leau statt l'eau
schreiben, beweisen es, dass sie den Artikel häufig gar
nicht erkennen.

Dies Verkennen des Artikels hatte nun zur Folge, dass
er in manchen Sprachen, wo man ihn bei manchen Wörtern vermisste, für ganz entbehrlich gehalten hatte, und
dass er daher ganz außer Gebrauch kam. In diesen Sprachen ward er aber häufig als Teil des Hauptwortes da beibehalten, wo er in der Aussprache mit diesem bereits zu-
sammengeflossen war. So befindet er sich z. B. in dem
lateinischen Worte: terra (t'erra), das kein anderes als das
plattdeutsche geschärfte Wort: Ere (Erde) ist. Auf ähnliche
Weise hat daher auch das polnische Wort: diable (de Abel)
den Artikel behalten, obgleich diese Sprache artikellos ist.
In dem Worte: iable (der Apfel), iablon (der Apfelbaum) ist
der Laut i ebenfalls ein Überbleibsel des Artikels di, und
der Laut d nur um deshalb fortgefallen, weil die, dem deutschen j ähnliche Aussprache des polnischen i dahin führte,

und man von diesem Fingerzeig umso lieber Gebrauch machte, als es wünschenswert erschien, die Benennung des Bösen, von der der Apfelfrucht zu unterscheiden.

§. 18.

Der Oberste der Unholde hatte aber auch noch andere Namen. In der Lehre des Zoroaster nannte man ihn z. B. nach seiner Wohnung. Diese war in der Hohle (Hölle) der Erde. Er hieß daher Ahriman, d. h. Erdmann, oder Wesen, das in der Erde wohnt. Zu dem Bösen (Übeln) rechnete man auch die Finsternis, als deren Urheber der Böse angesehen ward. Um deshalb dachte man sich ihn schwarz, und nannte ihn: „das schwarze Wesen", oder „den Schwarzen". In der slavischen Götterlehre hatte das Wort bog die Urbedeutung „gut" verloren, und die eines höheren Wesens im Allgemeinen angenommen; daher findet man auch für den Teufel die Benennung „czerny bog", d. h. der schwarze Gott. Eine ältere, das Nämliche sagende Benennung ist: mely[1] bog. Unter diesem letzteren Namen ward nun der Teufel schon um die Zeit der Geburt Christi, und daher vermutlich auch noch früher, auf dem Brocken verehrt. Dies darf man aus dem Namen folgern, den der Brocken im 2. Jahrhunderte nach Christi Geburt führte. Ptolomäus [sic: Ptolemäus] nennt ihn nämlich um diese Zeit: το Μηλιβοχον ορος (mons meilibocus) d. h. das Horn oder

der Berg des Melybogs (Melbogsberg). Da nun zu den Zeiten des Ptolomäus [sic: Ptolemäus] keine Slaven in Europa eingewandert sind, so darf man annehmen, dass der Brocken schon seit den Urzeiten Melbogsberg benannt ist. Ja, diesen Urnamen führt der Brocken aller Wahrscheinlichkeit nach unter der Benennung: „Blocksberg" noch heut zu Tage. Die slavischen Sprachen sind nämlich weniger streng bei Beobachtung des Sprachgesetzes rücksichtlich der Häufung der Konsonanten, und die Slaven sind daher mehr, als die Deutschen, in deren Aussprache geübt. Das Wort szczupak, das dem Deutschen als ein wahres horridum in der Aussprache erscheint, spricht der Pole eben so leicht, wie der Niedersachse das Wort: watt. Bei Zusammenziehungen von slavischen Wörtern können daher sehr leicht so viel Konsonanten zusammenkommen, dass sie eine deutsche Zunge nicht hervorzubringen vermag. Das Wort Melbogsberg leidet nun an rhythmischen Mängeln. Die Spelle: Bog erfordert nämlich die Hauptbetonung. Dann aber erscheint die Spelle: „Mel" als ein für sich bestehendes Wort. Es fehlt daher die Einheit, und um diese zu bewirken, entsteht die Neigung, das Wort Melbogsberg zweispellig zu machen. Dem Slaven mag es wohl möglich sein: „Mlbogsberg" oder „Lbogsberg" mit Leichtigkeit zu sprechen. Wenigstens ist die Aussprache des Namens des jetzigen Grafen von Wrbna mit ebenso vielen Schwierigkeiten verbunden, die der Böhme mit Leichtigkeit beseitigt. Dem Niedersachsen aber, in dessen Sprache ein Dehnen der Laute vorherrschend ist, ist die Aussprache von drei Konsonanten dieser Art nicht möglich. Um also die gehörten Laute wiederzugeben, muss er Mblogsberg oder Blogsberg sprechen. So ist allem Anschein nach der Name Blocksberg[2] entstanden, und da noch heute auch ein unweit Wernigerode belegener Berg den Namen: Blockshorn (d. h. Blocksberg)[3] führt, so dürfte es zu glauben sein, dass Mely bog auch hier einen Ort seiner Verehrung hatte.

[1] *Die Bedeutung des Wortes mely ergibt das griechische μηλας.*

[2] *Wollte man den Namen Blocksberg von den auf seiner Spitze umherliegenden Felsblöcken ableiten, so würde diese Erklärung bei dem Blockshorn bei Wernigerode nicht anwendbar sein. Am wenigsten aber die dem Blockshorne, das in der Feldmark Nordgermersleben (Kreis Neuhaldensleben) vorhanden ist.*

[3] *Sowohl das Wernigeröder als auch das Nordgermersleber Blockshorn wird in der Regel: Blockshornberg genannt. Die Urbedeutung von Horn ist zwar: hervorragend (excellens, eminens); wenn daher ein Berg unter andern hervorragt, kann er zwar Hornberg genannt werden; allein gewöhnlicher findet man die Benennung: Haupt, Kopf, Stift. Die genannten beiden Blockshörner werden aber mit so mehr Unrecht Blockshornberg genannt, als sie über benachbarte Berge nicht hervorragen.*

§. 19.

Dieser Melbog musste nun notwendiger Weise seine Priester haben, und dass diese Hexen hießen, beweist noch das polnische Wort: czarnowicá (eine Hexe). Denn dies ist offenbar von czerny (schwarz) entstanden, sodass die polnischen Hexen ihren Namen von dem Schwarzen ableiten müssen. Dagegen ist aber nicht wohl zu glauben, dass der Schwarze, Weiber zu Priestern gehabt habe. Zum Wenigsten ist gewiss, dass auch Männer für Hexen gehalten wurden. Dies sehen wir aus der Gesetzgebung Karls des Großen. „Wenn einer vom Teufel betrogen" heißt es in dem Kapitulare für die Sachsen – „nach heidnischer Sitte glauben wird, ein Mann oder ein Weib seien Hexen, und sie deswegen verbrennen, oder ihr Fleisch andern ebenfalls zum Genusse aufsetzen wird, der soll des Todes sterben".

In der Sage von den Hexen des Brockens kommen nun aber nur Weiber vor. Diese allein reiten nach dem Brocken und lassen die Männer im Bette. Der Hexenball ist daher offenbar nicht zur Verehrung des Teufels veranstaltet, sondern dient zu Ehren eines anderen Unholden. Dies wird auch schon um deshalb wahrscheinlich, weil der Teufel selbst mittanzt. In älteren Zeiten war aber, wie noch heute bei manchen morgenländischen Völkern, nicht das Tanzen selbst, sondern nur das Tanzen sehen ein Vergnügen. Wen man also ehren wollte, mit dem tanzte man nicht, sondern man tanzte ihm Etwas vor. Es ist daher zu glauben, dass der Hexenball auf dem Brocken kein Akt der Verehrung des Teufels war; sondern? - seiner Großmutter!

§. 20.

Nimmt man dieses an, so wird es erklärlich, warum nur Weiber sich zu der Feierlichkeit einfanden. Denn einem weiblichen Unholden war es angemessen, dass er nur von Weibern verehrt ward. Es erklärt sich ferner die Teilnahme des Schwarzen an dieser Feierlichkeit, da er als Nachkomme seiner Großmutter derselben Respekt schuldig war. Ferner wird es einleuchtend, warum man nicht von männlichen Hexen, wohl aber von Hexenmeistern spricht. Denn die weiblichen Priester der Frau Großmutter des Teufels bildeten ein Collegium, an deren Spitze ein Direktor (Meister) stehen musste; ebenso, wie der flamen Dialis in Rom, der Vorsteher der Vestalischen Jungfrauen war.

Sieht man sich nun nach dem Namen der Großmutter des Teufels um; so findet man unter allen Unholden keine andere, als die Frau Holle (Holde), auf die die in der Sage von den Hexen enthaltenen Umstände besser passten. Sie hatte einen Trupp von Nymphen, die ihr Gefolge ausmachten, und den Namen Striegholden führten. Mit diesen strich sie des Nachts, auf gewissen Tieren reitend, und mit einer Menge von Weibern umgeben, in der Luft umher, und diese Weiber wurden in bestimmten Nächten zu ihrem Dienst abgeholt. Daher hat noch heute auf dem Westerwalde die Redensart: „mött de Holle fahren" – die Bedeutung von Nachtwandeln, und im Hennebergschen ist Frau Holle noch gegenwärtig als ein nächtliches Phantom bekannt. Den Hexen wird ferner das Vermögen zugeschrieben, dass sie nach Verlangen Hass und Liebe in bestimmten Personen erregen können. Dies konnten sie nur von ihrer Frau erlernt haben. Denn ihr Name sagt uns, dass sie die Göttin der Liebe war. Das Wort: „hold" wird nämlich noch jetzt in der allemannischen Mundart ausschließlich von der gegenseitigen Liebe zwischen Jüngling und Mädchen gebraucht, und Holderstock ist die Benennung der oder des Geliebten. Sie darf aber keineswegs mit der Freya der nordischen Mythologie verwechselt werden. Diese war das Kostbarste, was die Asen hatten, und sie waren in nicht geringer Verlegenheit, als sie dieselbe einem Riesen versprochen hatten, der die, durch die Wanen zerstörte Mauer der Asenburg wiederhergestellt hatte. Nur Loki rettete sie aus dieser Verlegenheit dadurch, dass er durch List die zeitige Vollendung der Mauer hinderte. Frau Holle dagegen gehörte zu den Unholden, wie schon ihre Verwandtschaft mit dem Teufel bartut. Sie förderte daher nur die unerlaubte Liebe, und steigerte sie bis zu dem Grade, in welchem der Verstand seine Herrschaft über dieselbe verliert. Dann hatte sie ihr Ziel erreicht. Der von blinder Liebe ergriffene Mensch ist dann zu allem Bösen fähig, und kein Gebot der Vernunft vermag ihn von dem Abgrunde zu retten, den Frau Holle für ihn bereitet hat. Sie waltet noch gegenwärtig mit eben der Macht, als vor 1000 Jahren unter den unkultivierten Völkern Deutschlands. Wer erinnert sich nicht des Opfers, das ihr in diesen Zeiten am Brocken gebracht ist?

Wenn zu ihren bösen Zwecken eine unerlaubte Liebe auf dem gewöhnlichen natürlichen Wege nicht gefördert werden kann, dann lehrt sie durch ihre Priester dem Verlangenden übernatürliche Mittel. Hexen bereiten durch

Anwendung von zauberischen Gebräuchen Liebestränke, die da die feurigste Liebe erregen, wo früher die Abneigung nicht zu überwinden war. Gleiche geheimnisvoll bereitete Tränke werden von den Hexen verabreicht, um die Liebe gegen eine bestimmte Person in den höchsten Grad von Hass zu verwandeln, und diese Liebe auf einen anderen Gegenstand zu lenken. Ebenso mächtig wirkte Frau Holle durch die, unter Beobachtung gewisser Gebräuche angefertigten künstlichen Geflechte, die unter dem Namen: „Nesteln", bekannt sind. Drei Knoten, die unter Hersagung gewisser Zauberformeln an einem Leichenstein, oder an einem sonstigen ihr heiligen Ort gefertigt werden, machen zu allem Beischlafe den untüchtig, zu dessen Nachteile sie geschlungen werden. Wer von den Folgen des Nestelknüpfens befreit sein wollte, hatte ebenfalls eigene Gebräuche zu beobachten.

Frau Holle selbst beschäftigte sich mit der Anfertigung solcher Nesteln. Moosartige Misswächse an den wilden Rosenstöcken - die unter dem Namen Moos- oder Schlafrosen bekannt sind – sind es, die der Aberglaube noch jetzt für Nesteln der Frau Holle hält. Wer sie unter sein Schlafkissen legt, wird von ihr zu ihren Gelagen abgeholt, oder in die Arme Desjenigen geführt, der erwünscht wird.[1] Eine andere Moosart, die aus langen dünnen Fasern besteht, welche in sich verschlungen sind, und die Gestalt eines Haarzopfes machen, werden nach ihr[2] ebenfalls Höllenzöpfe genannt. Noch zu Burkards Zeiten (1024), wo die Weberei vorzüglich in den Händen der Frauenzimmer war, fand hierbei das Nesteln gar häufig statt. Man webte die Fäden unter Hersagung gewisser Zauberformeln, teils um Jemandes Liebe dadurch zu bewirken, teils um die Fäden einer anderen Weberin so zu verwirren, dass nur eine neue Zauberei sie lösen konnte.

[1] *Ein milderer Aberglaube nimmt an, dass man gut schlafe, wenn man eine solche Moosrose unter das Kissen legt.*

[2] *Wenn Adelung den Namen: „Höllenzöpfe" dadurch erklärt, weil diese Moosart sehr häufig in hohlen Wasserröhren vorkommt, so ist diese Erklärungs-Art wohl schon um deshalb nicht glaubbar, weil sie eben so oft auch im Freien angetroffen wird.*

§. 21.

Ob nun die Frau Holle die Großmutter des Teufels ist, wird sich zwar mit diplomatischer Gewissheit nicht erweisen lassen.

Allein sie war wenigstens dem Teufel sehr ähnlich; sie wird ein Weib in der Gestalt des Teufels genannt, und deshalb darf man eine nahe Verwandtschaft zwischen ihr und dem Teufel wohl annehmen. Denkt man nun ferner an die Redensart: „der Teufel und seine Großmutter"; so muss man ferner glauben, dass der Teufel eine Großmutter gehabt hat, mit der er viel konversierte. Dies ist auch um deshalb nicht unwahrscheinlich, weil ja auch andere Götter der Deutschen Eltern und Großeltern hatten. Nicht ohne Grund darf man daher wohl die Frau Holle solange für die Großmutter des Teufels halten, bis durch bessere genealogische Nachrichten ein anderer Grad der Verwandtschaft dargetan ist.

Sie ward ebenfalls verehrt auf Bergen, an Quellen, in Wäldern, an Felsen usw. Auf dem Harze befindet sich einer ihrer Verehrungsplätze, in einem Tale zwischen dem Rennekenberge und den Honeklippen, die hier befindliche

Quelle war ihr heilig und hat daher den Namen: Holle-Quelle (die Quelle der Holle oder Holde).

Von ihr erhielt nicht nur das Tal, worin sie entspringt, den Namen Hölle[1] (Tal der Holde, Holle, Hölle), sondern der durch die Quelle entstehende Bach wird zu ihrem Andenken noch heute: „Holdemme" [2], d. h. Wasser der Holde genannt.

Von mehreren, in der Nähe von Schierke befindlichen Felsengruppen führt eine den Namen: die Hölle (sc. Klippe). Auch dieser Name sagt uns daher, dass hier ebenfalls ein, der Frau Holle geheiligter Ort war.

[1] *Hölle von Hohle abzuleiten, dürfte nun deshalb nicht richtig sein, weil das Hölle-Thal keine Hohle genannt werden kann.*

[2] *Emme ist das nämliche Wort wie Amme. Letzteres findet sich in: Ammensleben, Ammendorf, Ammanahe usw. Die Bedeutung: Wasser, ist in allen diesen Namen hingebend. Von Ammensleben ist daher der Name des Wernigerödischen Dorfes Wasserleben die volle Übersetzung, und Ammendorf heißt im jetzigen Deutschen: Wasserdorf; Ammanaha aber: Wasserbach. – Es gab NB. früher auch andere als Wasserbäche; la bague z. B. ist auch ein Bach. –*

Die Holdemme heißt in der Schriftsprache zwar in der Regel: Holzemme, indem man das in der Volkssprache enthaltene Wort: Hold für das hochdeutsche Wort: Holz genommen hat; allein dies ist wohl schon um deshalb nicht richtig, weil in diesem Falle der Name an der Quelle der Holdemme – nämlich Hölle – unerklärt bliebe.

§. 22.

Die bisherige Darstellung berechtigt uns nun, anzunehmen:

1. dass der Name Hexe (Haxa) die allgemeine Benennung der Diener der Götzen, und zwar der bösen Gottheiten, ist. Denn Hexerei ist Bewirkung von Bösen durch übernatürliche Mittel.

2. Unter den Hexen, welche in der Nacht vor dem ersten Mai nach dem Brocken ziehen, sind aber nur die Priesterinnen der Frau Holle zu verstehen.

3. Ihnen ist aber Manches zugeschrieben, was in den Bereich anderer Hexen gehört. Dahin gehört z. B., dass sie nicht bloß in Beziehung auf die Liebe, sondern auch in anderen Rücksichten Böses zu bewirken suchen. Sie haben daher im Allgemeinen den Charakter des Teufels, und um deshalb dürfen sie auch dessen Reitpferd - den Ziegenbock - zu ihren nächtlichen Ritten benutzen. Denn dass dieser dem Teufel eigentlich geweiht ist, ergibt sich schon aus dem Umstande, dass man nur mit Hilfe eines schwarzen Ziegen-

bocks einen vom Teufel bewachten Schatz zu heben vermag. Das eigentliche Reitpferd der Hexen der Frau Holle dagegen ist die Katze, die dieser Unholdin heilig war, und weshalb auch Katzen die Ehre hatten, deren Wagen zu ziehen.[1] Hexen können daher nicht nur die Gestalt des Lieblingstieres ihrer Frau annehmen, sondern der Unhold, den letztere den Hexen zu ihren besonderen Diensten übergibt, hat die Gestalt einer Katze.

4. Manche, in der Sage von den Hexen enthaltene Umstände gehören ursprünglich in dieselbe überhaupt nicht hinein, sondern sind spätere Zusätze. Dahin gehört z. B., dass sie nicht bloß auf Ziegenböcken und Katzen, sondern auch auf Ofengabeln, Besen und besonders auf jungen Tieren und Federvieh reiten. Hierzu ist wohl die Veranlassung in Folgendem zu suchen. An die, den Götzen geheiligten Orte durfte nämlich außer den Priestern nur derjenige kommen, der die Absicht hatte, ein Opfer zu bringen. Wer also an der Feierlichkeit auf dem Brocken teilnehmen wollte, durfte nicht mit leeren Händen kommen, sondern musste ein Opfertier mit zur Stelle bringen. Zum Behufe der Opfer waren ferner gewisse Gerätschaften erforderlich, die ebenfalls auf den Brocken zu transportieren waren. Als nun in dem Harzbereich sich neben den slavischen Völkern auch Deutsche niedergelassen hatten, konnte es nicht fehlen, dass sie es bemerkten, wie die Besucher des Brockens, dahin nicht nur verschiedene Geräte, sondern auch verschiedene Tiere führten. Sie erfuhren bald, dass den Götzen, denen man hier opferte, die Kraft zugeschrieben ward, in der Luft umherfliegen zu können. Sie bemerkten ferner, dass die Opferfeuer des Brockens es verkündeten,

hier sei der Ort der Feierlichkeit. Wegen Unbekanntschaft mit den Wegen und Stegen gelang es ihnen aber nicht, auf den Brocken zu dringen, den sie beständig vor sich sahen. Sie fanden nicht nur in den Wäldern, sondern auch in den, den Brocken umgebenden Sümpfen ein unabwendbares Hindernis, sich dem Brocken zu nähern. Nichts ist daher wohl natürlicher, als dass sie in den Glauben versetzt wurden, dass die Slaven, welche ungeachtet der Wälder und Sümpfe auf der Spitze des Brockens auf den ihnen allein bekannten Wegen angelangt waren, dahingeflogen seien, und zwar auf den Tieren und Dingen, die man dahin führen gesehen hatte. Auf diese Weise wurde daher die Zahl der Reitpferde so sehr vermehrt, dass man in späteren Zeiten alles Mögliche zu ihnen zu rechnen, sich für befugt erachtet hat.

[1] *Wenn die nordische Mythologie der Freya Katzen zu Kutschpferden gibt, so muss man hierbei erwägen, dass dies nicht die deutsche Freya, sondern Freya Wanadis, d. h. die Wendische Freya, oder Frau Holle, ist.*

§. 23.

Von den eingewanderten Deutschen wurden nun aber nicht nur die Priester der bösen Gottheiten mit dem Namen Hexen belegt, sondern auch alle diejenigen, welche diesen Priestern anhingen, und die Unholde als die Hauptgötter ihrer Verehrung ansahen. Einzelne Orte, die von diesen Anhängern der Unholde bewohnt waren, bekamen daher ebenfalls ihre Benennung von den Hexen, und so mag auch der Ort Gesecke in Westphalen den Namen Hexen-Gesecke erhalten haben. Es findet sich aber das Wort Hexe noch in einer nicht geringen Zahl von Ortsnamen, wenn gleich nicht in unveränderter Gestalt. Die in die Gegenden des Harzes zuletzt eingewanderten Völker hatten nämlich die Gewohnheit, das x (chs, ks) in ss zu verwandeln. Daher sprachen sie z. B. Osse statt Ochse. Das Wort Hexe (Haxe) verwandelten sie nun ebenfalls in Hesse (Hasse). Es führt daher nicht nur der im Halberstädtischen belegene Ort Hessen hiervon seinen Namen, sondern auch der bei Wernigerode belegene Ort Hasserode hat den Hexen seine Benennung zu verdanken. Wie uns nun die Sage von dem, im ehemaligen Hexenfelde (Hasselfelde) belege-

nen Orte Stiege auf dem Harz berichtet, waren es diese
Anhänger der Unholde (Djahi), welche sich erst gar nicht
von dem Heidentum trennen, und in dem Licht des Evan-
geliums wandeln wollten. Sie waren blind gegen allen Vor-
stellungen und alle Belehrungen der christlichen Priester.
Mit Recht wurden sie daher an allen Orten die blinden
Hessen genannt.

§. 24.

Hexen sind also hiernach nicht bloß die Priester, sondern überhaupt Anhänger der bösen Gottheiten. Nun entsteht aber die Frage: Welche Umstände haben es veranlasst, dass die Hexen schon unter den heidnischen Sachsen verfolgt wurden, und dass sich die Sage von ihnen rücksichtlich des Treibens auf dem Brocken, über ein Jahrtausend in so frischem Andenken erhalten hat?

Wenn man nämlich erwägt, dass unter den Deutschen in der Regel die Gewohnheit herrschte, dass sie die besiegten Völker ihren Sitten, Gebräuchen und Gesetzen ließen; so muss es allerdings auffallend sein, dass sie die Hexerei als einen Teil der Religionsbräuche der besiegten Slaven für ein Verbrechen erachteten. Dies hört jedoch auf, auffallend zu sein, wenn man erwägt, dass sowohl die Verehrung des Teufels, als auch die der Frau Holle und die vermeintliche Macht Beider nicht für einflusslos auf die Nationalität der Deutschen angesehen werden konnte.

Der Dualismus hat zwar ursprünglich bei allen indoeuropäischen Völkern stattgefunden. Selbst der Deus der Römer war ursprünglich ein Dew, und eine alte rohe

Zeichnung, die in Pompeji aufgefunden ist, und den Pluto in der Gestalt darstellt, wie wir den Teufel abbilden, dürfte genugsam beweisen, dass dieser Gott der Römer anfänglich kein anderer, als der Oberste der Unholde gewesen ist. In der nordischen Mythologie finden sich ebenfalls Asen (die guten Götter) und Hrimthursen. In der älteren deutschen Götterlehre[1]) findet sich ein Gwode (Gode, Wode, Wodan), d. h. der Gute. Er wurde z. B. in der Gegend von Goslar auf einem Berg verehrt, der deshalb Godeslar (Godslar, Goslar), d. h. der Berg der Gode hieß, und dieser Name ging dann auf die Stadt Goslar über. Ihm war auch der, durch dieselbe fließende Bach geheiligt, der aus diesem Grunde den Namen Godesau (Godsau, Gosau, Gosa) führte, d. h. Bach des Gode. Der in der Augustiner Kapelle auf dem Kirchhof der Frankenbergischen Kirche befindliche angebliche Leichenstein, der die später eingegrabenen Worte: Ramm und Gosa enthält, kann daher leicht noch ein Denkmal seiner Verehrung sein, und verdient wenigstens die Aufmerksamkeit der Geschichtsforscher. Auch verdient um deshalb die Sage Glauben, nach welcher Krodo (sc. Wodan), d. h. der große Wodan, auf der Harzburg (vielleicht auf dem Herzberg) verehrt sein soll.

[1] *Das Wessobrunner Gebet, das Bruchstück: „Muspell", und das Nibelungen-Lied können nur beweisen, dass sich die nordische Mythologie über ganz Deutschland verbreitet hat, nicht aber, dass die Götterlehrer der Deutschen (der Verehrer des Teut) mit der nordischen Mythologie gleich gewesen sei. Die Verschiedenheit beider wird durch die Nachrichten der Römer von Deutschland über allen Zweifel erhoben. Man hält daher diese Nachrichten auch mit Unrecht für unrichtig, weil man sie in der nordischen Mythologie nicht bestätigt findet. Schon nach der Sprache Deutschlands zu schließen, die sich in die ober- und niederdeutsche teilt, darf man auch zwei Hauptstämme des deutschen Volkes und folglich auch zwei Arten der Mythologie annehmen.*

§. 25.

Der Oberste der deutschen Unholde hatte wohl mit dem Ahriman des Zoroaster denselben Namen. Er hieß Hermes (Harman, Arman, Irmen, Artmann, Herman, Herms). Der bekannteste seiner Verehrungsorte war zu Marsberg in Westphalen, wo von Karl dem Großen die Irmen-Säule zerstört ward. In vorzüglichem Ansehen stand er wohl bei den in der frühesten Zeit der Geschichte Deutschlands genannten Hermionen. Im Harze dagegen ward er vermutlich zu Hermerode, einem Dorf im Mannsfeldschen, verehrt; wahrscheinlich auch zu Hermannsacker, einem Dorfe im Stolberg-Roßlaschen. Denn hätte dieser Ort von einem Hermann v. Ebra seinen Namen erhalten, so würde er wohl Hermannsdorf, Hermannsrode usw. genannt sein.

Überdies fällt das Entstehen der Orte in der Regel in eine Zeit, wo noch keine Personen-Namen Anlass zur Benennung eines Ortes gaben. Wenn also rücksichtlich des Ortes Hermannsacker nicht diplomatisch dargetan werden kann, dass er seinen Namen einem Hermann v. Ebra verdankt, so hat man umso mehr Grund, dies zu bezweifeln, als dagegen der Gebrauch der ältesten Zeit dargetan werden kann, dass Orte nach Göttern benannt wurden.[1]

[1] *Unter den Fragen, die um das Jahr 1024 an Diejenigen getan wurden, die im Anfange der Fasten zu Buße gingen, befand sich auch die:*

„Bist du wegen des Gebets an einen anderen Ort gegangen, als in die Kirche, z. B. auf Scheidewege?"

Dies beweist offenbar, dass die heidnische Verehrung auch auf Scheidewegen stattfand. Da nun z. B. das Dorf Gudenswegen im Kreise Wolmirstedt bei Magdeburg früher Wodansweg hieß — (Behrends, Chronik des Kreises Neuhaldensleben, T. 1, S. 4); so kann es keinem Zweifel unterliegen, dass dieser Ort dem Wodan seinen Namen verdankt, und dass hier ein Scheideweg war, auf dem der Gode verehrt ward. Ähnliche Fälle lassen sich vielfältig anführen.

§. 26.

Wie bei vielen Völkern, so hat sich auch bei den Deutschen die Verehrung der bösen Gottheiten nicht in der ursprünglichen Schärfe erhalten. Den Priestern derselben musste selbst daran gelegen sein, die Götter, denen sie dienten, in einem besseren Licht darzustellen. Ein Wesen, von dem nur Böses zu erwarten war, konnte ebenso wie seine Diener, nicht die Achtung des Volks genießen, und letztere mussten eine feindliche Stellung gegen dasselbe erhalten. Sie schrieben daher ihren Götzen ebenfalls gute Handlungen zu, und so ward am Ende der Dualismus ganz unkenntlich; die Götterlehre der meisten Heiden war aber ein Gemisch von Gottheiten, die teils die Eigenschaften des guten, teils des bösen Wesens hatten. So war auch der Ahriman der Deutschen in einem so hohen Grad gebessert, dass ihn die Römer für ihren Mercurius hielten.

Bei den slavischen Völkern dagegen trafen die Deutschen den Dualismus noch in seiner ursprünglichen Schärfe an. Der Teufel brachte nur Unglück über die Menschheit, und Frau Holle wirkte Böses durch die Liebe. Beides musste in den Augen der Deutschen von erheblichen

Nachteilen für ihre Nationalität sein. Zwischen ihnen, als Siegern, und den unterjochten und zu Knechten gemachten Slaven konnte nämlich nun und nimmer mehr Freundschaft herrschen. Die Deutschen waren den Slaven fortwährende Feinde, denen sie alles Böse an den Hals wünschten. Es kann daher auch nicht gefehlt haben, dass sie alles Mögliche angewandt haben, um den Teufel zu bewegen, ihren Feinden Böses zuzufügen. Bei der Bitte hierum durften aber Opfer nicht fehlen, von denen Menschen-Opfer dem Obersten der Unholde natürlich die liebsten sein mussten. Wo es daher nur möglich war, eines Deutschen habhaft zu werden, da wurde er weggeschnappt und dem Teufel geopfert.

Der Gottesdienst in dieser Art ward daher von den deutschen Siegern den Priestern des Teufels verboten. Es ist aber eine bekannte Sache, dass verbietende Gesetze nicht immer die Folge haben, dass nun auch die verbotene Handlung gehindert wird. Dies dürfen wir im vorliegenden Falle umso weniger erwarten, als die Verehrung und die Macht des Teufels oft eine, den Deutschen sehr willkommene Sache war. Unter allen Leidenschaften war bei ihnen die Rache eine der größten. Um getanes Unrecht zu rächen, vernichteten sich nicht selten ganze Familien. In einem Falle nun, wo ein minder Mächtiger sich gegen einen Stärkeren zu rächen hatte, war es gar zu angenehm, diese Rache mit Hilfe des Teufels zu vollbringen, und diesem ward dann der Gegenstand der Sache mit Freuden zum Opfer bestimmt. Die verbotene Verehrung des Teufels hatte daher nicht nur bei den Slaven im Geheimen stattgefunden; sondern fand auch selbst viele Anhänger unter den Deutschen. Daher mussten die zu taufenden Sachsen, unter denen sich natürlich viele Slaven befanden, auch dem Teufel entsagen, und noch Karl der Große sah sich[1] genötigt, das gewiss schon seit vielen Jahrhunderten unter den Sachsen bestehende Gesetz zu wiederholen:

„Si quis hominem diabolo sacrificaverit, et in hostia more paganorum daemonibis obtulerit, morte moriatur."

[1] *In capitul. de partib. Sax. §. 9.*

§. 27.

Gleiche Verhältnisse fanden statt rücksichtlich der Verehrung der Frau Holle. Schon Tacitus (de Germ. 4.) hält die
Deutschen für ein Volk, das sich durch Ehen mit keinem
anderen Volke vermische. Diese Sitte findet sich vielfältig
bestätigt. Noch in den späten christlichen Zeiten war daher
eine Ehe eines Deutschen mit einer Person aus dem Volke
der Slaven, nicht mit den Folgen einer bürgerlichen Ehe
verbunden, selbst wenn diese slavische Person aus dem
Fürstenstande war.

Mit noch viel ungünstigeren Augen wurden daher in
den Zeiten des Heidentums Ehen zwischen Deutschen
und den unterjochten Slaven – den Knechten der Deutschen – angesehen. Es finden sich daher gegen die Ehen
und fleischlichen Vermischungen der Deutschen mit Un-
freien auch die strengsten Gesetze. Eine Freie, die einem
Knechte zu Willen wäre, sollte nach der Lex Salica Tit. 14.
cap. 6. -, ihre Freiheit verlieren, und ein freier Mann, der
sich mit einer Leibeigenen einließ, sollte – nach der Lex
Salica 14. 11. und der Lex Ripuar. 58. 15. -, mit derselben
auch in gleiche Knechtschaft fallen. Nach der Lex Salica

Tit. 14. cap. 6. sollte ein Knecht, der eine Freie zu Falle brächte, es gar mit dem Leben büßen. Wenn dies bei den Burgundern mit Einwilligung der Freien geschah, so traf diese -nach der Lex Burgundior. Tit. 35. § 2. - ebenfalls die Todesstrafe. Adamus Bremensis berichtete in seiner um das Jahr 1076 geschriebenen historia ecclesiastica Lib. 1. cap. 4. 5., dass nach der sächsischen Verfassung derjenige es mit dem Leben büßen müsse, der sich unterstände, eine über seinen Stand erhabene Person zur Ehe zu nehmen. Diese Umstände berechtigen uns zu dem Glauben, dass nach den Ansichten der heidnischen Deutschen eine Vermischung eines Deutschen mit einer Person vom slavischen Volksstamme für eine wahre Sodomiterei angesehen ward. In dem Charakter der Frau Holle lag es nun aber gerade, vorzüglich verbotene Liebe zu begünstigen. Da uns nun schon die Mutter Eva bewiesen hat, wie angenehm es ist, vom verbotenen Baume zu essen, so wird es einleuchtend, dass, ungeachtet der strengen Gesetze - die mit den Slaven zusammenlebenden Deutschen sich nicht selten, durch die Liebenswürdigkeit einer Person aus dem slavischen Volksstamme, zur Übertretung des bestehenden Gesetzes haben verleiten lassen. Gerade das Vorhandensein der äußerst harten Gesetze beweist es am bestimmtesten, dass dies gar häufig der Fall gewesen. Die auf diese Weise sündigende Person von deutscher Nation hatte aber früher die begangene Tat gleichfalls für ein Verbrechen gehalten, und ihr selbst musste es daher unerklärlich sein, durch welche Macht sie verleitet war, Etwas zu begehen, das nach der eigenen Ansicht den Charakter der Abscheulichkeit an sich trug. Ganz natürlich erscheint es daher, wenn man annimmt, dass der Gefallene seine Handlung einem feindlichen Wesen zuschrieb, und dies konnte denn kein anderes, als die Frau Holle sein. Noch mehr musste dies der Fall in den Augen derjenigen sein, die sich von ihrer Leidenschaft nicht hatten verleiten lassen. Die Folge einer solchen Ansicht musste nun ohne Bedenken die sein, dass man, um späteres Unglück zu verhüten, dem Treiben der Frau Holle ein Ende zu machen suchte, und daher die Verehrung derselben verbot. Ein, durch die Dauer von Jahrhunderten gleichsam heilig gewordener Glaube ist aber durch die Worte eines Gesetzes nicht zu vertilgen. Dies umso weniger, wenn der Mensch in sich selbst so viel findet, das ihn in dem Wahne der Wahrheit seines Glaubens bestätigt. Denn die Liebe achtet oft kein Gesetz und nimmt keine Rücksicht auf Nationalität. Ihr Erscheinen außer den Schranken des Gesetzes musste daher fortwährend an die Wirkungen der Frau Holle erinnern, und es ist um deshalb leicht zu glauben, dass mit dem Verbot der Verehrung derselben, diese selbst noch nicht verschwand, sondern im Geheimen fortbetrieben wurde. Der Ort des Gottesdienstes ward aber wohl von der Quelle der Holde auf den Gipfel des Brockens verlegt, weil dieser durch Sumpf und Wälder den deutschen Verfolgern unzugänglich war. So entstand daher hier ein zweiter Opfer-Altar – der Hexenaltar – neben dem der des Teufels – die Teufels-Kanzel – sein Dasein behielt. Ungeachtet der herrschenden Ansicht bei den Deutschen konnte es aber dennoch nicht fehlen, dass das Wesen der Frau Holle bei einzelnen dieses Volkes Anklang fand. Die Natur lässt sich, trotz aller Gesetze, nicht verleugnen, und Liebesverhältnisse zwischen Slaven und Deutschen blieben nicht aus. Ja, mancher Deutsche, der seine Liebe gegen eine Person seines Volksstammes nicht zu verwirklichen wusste, nahm gern die Hilfe der Frau Holle und die Künste ihrer Dienerinnen in Anspruch, um seinen Zweck zu erreichen. So konnte es daher nicht fehlen, dass die Frau Holle selbst geheime Anhänger, besonders unter dem weiblichen Teil des deutschen Volkes, hatte, dass ihre Verehrung – obgleich nur im Geheimen getrieben – dennoch von vielen Seiten begünstigt ward; durch dieses Geheimnisvolle aber immer mehr dem Fabelhaften sich näherte. Namentlich mussten die, mit dem Wege auf den Brocken unkundigen Deutschen bald auf die Idee kommen, dass die Verehrer der Frau Holle die ihr auf heimlichem Wege zugeführten

Opfertiere und sonstige Opfergerätschaften als Reittiere benutzten, auf denen sie über die, den Deutschen im Wege befindlichen Wälder und Sümpfe hinübersetzen.

§. 28.

Mit der Einführung des Christentums musste nun die Verehrung des Teufels bald aufhören. Selbst der nur einigermaßen durch die Lehren des Christentums Erleuchtete musste bald die Überzeugung gewinnen, dass Opfer, die dem Teufel dargebracht werden, vor dem Richterstuhl der gesunden Vernunft nicht gebilligt werden können. Im 11. Jahrhunderte, wo noch so viele Überbleibsel des Heidentums in Deutschland existierten, findet man daher von der Verehrung des Teufels keine Spur mehr. Anders verhielt es sich aber mit der Frau Holle. Ihre Macht zeigte sich fortwährend, und man schreibt daher noch heute eine nicht zu bändigende unerlaubte Liebe dem Wirken der Hexen zu. Dagegen kam aber ihr Name in Hintergrund und nachgerade in Vergessenheit. Die mit der Mythologie Deutschlands unbekannten Priester der christlichen Kirche hielten sie daher schon gegen das 11. Jahrhundert für die römische Göttin Diana, wahrscheinlich um deshalb, weil – wie letztere ein Gefolge von Nymphen – erstere ein Gefolge von Striegholden hatte. So wurde der Name: „Frau Holle" in den meisten Gegenden Deutschlands unbekannt; da aber die christliche Religion alles Böse dem Teufel zuschreibt, so trat auch der Name des Teufels in der Hexen-Sage wieder hervor, und man sah die weiblichen Hexen, gewiss ganz mit Unrecht, als seine Dienerinnen an, denen man daher auch das Bewirken von anderem Bösen, als dass durch die Liebe, zuschrieb.

Wie man nun zu den Zeiten des Regino – starb 915 - von den Hexen dachte, dies sieht man aus den Fragen, die auf dem Send den Kirchspiels-Eingesessenen zu seiner Zeit vorgelegt wurden, unter denen auch folgende enthalten ist:

Ob ein Weib vorhanden sei, die vorgebe, sie könne durch Zauberei die Gemüter der Menschen verändern, und nach Gefallen von Hass zur Liebe, oder von dieser zum Hasse lenken; die Güter der Anderen beschädigen, oder sie gar entwenden; ob ein Weib behaupte, sie reite gewisse Nächte mit dem Teufel in Weibergestalt auf gewissen Tieren, und sei in ihre Gesellschaft aufgenommen?

Hundert Jahre später hatte sich in diesem Glauben noch nichts geändert. Dies ergibt sich aus den Fragen, die zu Burkards Zeiten (1024) denjenigen vorgelegt wurden, die im Anfange der Fasten zu Buße kamen.

Hast du geglaubt - heißt eine derselben - oder Teil an dem Unglauben gehabt, nach welchem einige gottlose von dem Teufel verblendete Weiber vorgeben, dass sie zur Nachtzeit mit der Göttin Diana und einer unendlichen Menge von Weibern auf gewissen Tieren reiten, ihr als ihrer Frau gehorchen, und zu ihrem Dienst in anderen Nächten gerufen werden?

§. 29.

Das Resultat von dem bisher Dargestellten ist daher Folgendes. Die Sage von den Hexen ist nicht erst zur Zeit Karls des Großen entstanden, sondern bereits unter den heidnischen Deutschen. Hexen sind ursprünglich die Priester der von den Slaven verehrten bösen Gottheiten, insbesondere die des Teufels und der Frau Holle; es gab daher weibliche und männliche Hexen. Diese haben zwar Veranlassung zur Benennung von Ortschaften, ja Ländern[1], gegeben; allein das Andenken der männlichen Hexen hat sich verloren. Namentlich spielen in der Sage von den Hexen des Brockens nur die Priesterinnen der Frau Holle eine Rolle. Der sonst noch vorkommende Hexenmeister dagegen ist ursprünglich der Vorsteher der Dienerinnen der Frau Holle.

Als die Deutschen die Slaven unterjochten, verboten sie die Verehrung der bösen Gottheiten aus politischen Gründen. Diese ward im Geheimen fortgesetzt, und zu dieser Zeit auch die Verehrung der Frau Holle von der Quelle der Holdemme auf den wenig zugänglichen Gipfel des Brockens verlegt, und ihr hier, neben dem Altare des

Teufels, ein Opferherd errichtet. Seit dieser Zeit wurde der Götzendienst der Frau Holle in das Fabelhafte gezogen, namentlich die ihr zugeführten Opfertiere und die an ihren Herd gebrachten Opfergerätschaften für Mittel erachtet, auf denen die Hexen und ihre Anhänger über die, den Deutschen undurchdringlich scheinenden Wälder und Sümpfe hinübersetzten. Diese Reitmittel vermehrte die spätere Zeit nach Willkür, sodass man unter ihnen sogar den gewiss nie gebrauchten Wocken findet. Der Wirkungskreis der männlichen Hexen ward mit dem der weiblichen vereinigt, sodass man letztere allein als die Urheber von allem Bösen ansieht. Dies veranlasst nun wieder, dass der Teufel als Patron der Hexen erschien, und seine Teilnahme an dem Hexen-Balle kann auch deshalb erklärt werden, weil er als vermutlicher Nachkomme der Frau Holle dieselbe zu ehren schuldig ist. Er scheint daher der eigentliche Entrepreneur des am ersten Mai gehaltenen Hexenballes zu sein, und um deshalb umso mehr verbunden zu sein, seinen Gästen für die Teilnahme daran, Gaben auf Gaben zu verheißen, weil das Christentum seinem Anhange einen nicht geringen Stoß gegeben hat.

[1] *Das Churfürsten- und Groß-Herzogtum Hessen. Man leitet zwar den Namen des Hessenlandes von dem des Volkes der Chatten ab. Dieser Ableitung steht aber entgegen:*

a) dass bei den Chatten die Verwandlung des Ch in H und des tt in ff nicht gewöhnlich war. Sie würden sonst nicht Chatten, sondern immer Hassen geheißen haben.

b) Die Katten waren schon im zweiten Jahrhunderte im Hessenlande gar nicht mehr vorhanden, wie soll sich daher ihr Name erhalten haben?

c) Nur ein geringer Teil vom jetzigen Hessenlande führte seit dem achten Jahrhundert den Namen Hessen. Originierte dieser von den Chatten, so würde auch das ganze Chattenland den Namen Hessen geführt haben.

d) Der Name Hessen findet sich auch in Gegenden, wo keine Chatten gewohnt haben.

Dagegen war bei den sächsischen Völkern, zu denen auch die Bewohner von Hessen im achten Jahrhunderte gehörten:

a) *die Verwandlung des x (chs, ks) in ss gebräuchlich.*

b) *Priester gaben Veranlassung zu Benennung von Orten, z. B. Badengau usw.*

c) *Hexen und deren Anhänger waren in vielen Gegenden Deutschlands, und so können auch verschiedentliche Orte von ihnen benannt sein.*

d) *Gerade die Gegend von Gudensberg, die ursprünglich Hessen hieß (Kopp's Nachrichten von den Hess. Gerichten T. 1. §. 174. S. 231, §. 190-192. S. 258-260), enthielt slavische Bewohner, bei denen also Hexen zu vermuten sind, von denen man annehmen kann, dass sie Veranlassung zu dem Namen Hessen gegeben haben.*

ÜBER DEN AUTOR

Ludwig Wilhelm Schrader ist ein deutscher Archivar des 19. Jahrhunderts. Um andere an seinen Forschungsarbeiten teilhaben zu lassen, verfasste er unter anderen die Schriften „Die Sage von den Hexen des Brockens und deren Entstehen in vorchristlicher Zeit durch die Verehrung des Melybogs und der Frau Holle" sowie „Geschichte der Stadt Aschersleben während des dreißigjährigen Kriegs".

Printed in Great Britain
by Amazon

77478925R00050